SERMONES DE G

# Josué el conquistador

## Dr. Kittim Silva

EDITORIAL
PORTAVOZ

La misión de *Editorial Portavoz* consiste en proporcionar productos de calidad —con integridad y excelencia—, desde una perspectiva bíblica y confiable, que animen a las personas a conocer y servir a Jesucristo.

De la serie: *Sermones de grandes personajes bíblicos.*

*Tomo 6: Josué el conquistador,* © 2008 por Kittim Silva y publicado por Editorial Portavoz, filial de Kregel Inc., Grand Rapids, Michigan 49505. Todos los derechos reservados.

Ninguna parte de esta publicación podrá reproducirse de cualquier forma sin permiso escrito previo de los editores, con la excepción de citas breves en revistas o reseñas.

A menos que se indique lo contrario, todas las citas bíblicas han sido tomadas de la versión Reina-Valera © 1960 Sociedades Bíblicas en América Latina; © renovado 1988 Sociedades Bíblicas Unidas. Utilizado con permiso. Reina-Valera 1960™ es una marca registrada de American Bible Society, y puede ser usada solamente bajo licencia.

EDITORIAL PORTAVOZ
2450 Oak Industrial Dr. NE
Grand Rapids, Michigan 49505 USA

Visítenos en: www.portavoz.com

ISBN 978-0-8254-1632-3

4 5 6 7 8 edición / año 25 24 23 22 21 20 19 18 17

Impreso en los Estados Unidos de América
Printed in the United States of America

A la Lic. Carmen Torres, mi secretaria de libros.
Ella ha sabido ofrendar de su preciado tiempo,
al llevar a la computadora mis sermones para esta serie,
los cuales luego me son más fáciles de editar.
Su colaboración ha bendecido este ministerio de la literatura.
¡Gracias, amiga!

A mis amigos Alex e Ydsia D'Castro.
Pastores en Puerto Rico y en Orlando, Florida,
con el Concilio Iglesia Nuevo Testamento,
ambos hacen un buen equipo pastoral en la obra de Dios.
Alex D'Castro ha sido conocido en el mundo musical
como "El Tenor de la Salsa"; hoy es "El Tenor de Jesucristo".

**Otros tomos en la serie**
**Sermones de grandes personajes bíblicos**

*David, el ungido, tomo 1*
*Nehemías, el constructor, tomo 2*
*Gedeón, el visionario, tomo 3*
*José, el soñador, tomo 4*
*Sansón, el solitario, tomo 5*
*Josué, el conquistador, tomo 6*
*Moisés, el libertador, tomo 7*
*Abraham, el padre de la fe, tomo 8*

# CONTENIDO

Prólogo....................................................7
1. "Y Josué deshizo a Amalec"..........................9
2. "Subamos luego, y tomemos posesión"...............15
3. "Y pondrás tu mano sobre él".......................23
4. "Y llamó Moisés a Josué"...........................29
5. "Solamente esfuérzate y sé muy valiente"..............39
6. "Libraréis nuestras vidas de la muerte"...............45
7. "Este día comenzaré a engrandecerte"................53
8. "¿Qué significan estas piedras?"....................59
9. "Y circuncidó a los hijos de Israel"..................67
10. "¿Eres de los nuestros, o de nuestros enemigos?".......75
11. "Jericó estaba cerrada"..............................81
12. "Huyeron de los de Hai"............................89
13. "Extiende la lanza"................................95
14. "Y Josué hizo paz con ellos".......................103
15. "Ha hecho paz con Josué".........................111
16. "Queda aún mucha tierra por poseer"...............119
17. "Todavía estoy tan fuerte".........................125
18. "Concédeme un don".............................131
19. "Hasta hoy".......................................137
20. "Nos ha bendecido hasta ahora"....................143

## Josué el conquistador

21. "Aquel monte será tuyo" ............................ 149
22. "Entregó en sus manos a todos sus enemigos" ........ 155
23. "¿Qué tenéis vosotros con Jehová?" ................. 159
24. "Dios es quien ha peleado por vosotros" ............ 167
25. "Yo y mi casa serviremos a Jehová" ................. 173
26. "Murió Josué hijo de Nun" .......................... 181

# PRÓLOGO

Al momento de este escrito me encontraba en Huahuatemoc, Tamaulipas, estado de México, donde vine a participar junto con el evangelista José A. Tejada varios días de predicación, invitados por el Pbro. Efraín Hernández Bocanegra y su esposa Betty. Con el despertar involuntario de una orquesta de gallos madrugadores, perdí el sueño y sólo pude hacer algo después de orar y fue escribir este prólogo a la serie de mensajes: *Josué, el conquistador*. También escribí el sermón: *"Huyeron de los de Hai"*.

*Josué* se proyecta, aún antes de ser designado sucesor de Moisés, como un líder con espíritu de conquistador. Una de esas raras especies humanas, con formación en el cielo, que parecen destinadas a cambiar favorablemente el curso de la historia como un diseñador del mundo; como un escultor de logros y un pintor de triunfos para otros. Uno que no simplemente pasa por la historia y es olvidado por esta, sino que hace historia y deja sus huellas impresas para próximas generaciones.

*Josué* es un paradigma del *siervo-líder*, uno a quien le tocó la doble misión de conquistar a sus enemigos y de repartir la Tierra Prometida. ¡Si conseguir algo para muchos es difícil, más difícil aún es repartir ese algo entre muchos! ¡Conquistó y repartió! Primero él sirvió a otros y luego dirigió a otros. Hoy día los líderes en su gran mayoría primero desean dirigir y segundo desean ser servidos.

*Josué* es el hombre de comunión con Dios y de comunicación de Dios. ¡Dios hablaba con él como habló con Moisés! La tradición oral de la Palabra de Dios no se pierde con él, el Dios hebreo seguía hablando con su pueblo, su presencia divina se mantenía activa.

*Josué* es modelo del líder conquistador, del hombre o la mujer llamado por Dios a cumplir una misión con destino, una agenda de logros, una realización de triunfos, una visión de conquistas, unos sueños de superación. Un escogido que tiene una misión delegada por Dios mismo y que está dispuesto a dejarse usar para cumplir con la misión en el marco de referencia a su generación. *Josué* es hombre de decisiones familiares: *"Yo y mi casa serviremos a Jehová"*. El líder público, usado por Dios, es líder privado para su familia, es "pastor" de su casa, es hombre de valores religiosos que marca a su congregación consanguínea. Sabía cómo "pastorear" a su casa. Él fue autoridad pública y autoridad familiar.

En muchos de nosotros se retrata *"Josué"* como empresario y se parece mucho a nosotros, paradigma de líderes sin temor ante los retos y obstáculos de la vida, gente con espíritu de conquistador, creyentes que dependemos de Dios y nos hacemos disponibles a Dios, seres humanos a los cuales los reveses de esta vida no nos pueden detener, antes al contrario, nos retan a la conquista, diplomáticos humanos que practicamos el arte de la negociación a la altura de lo que somos en Dios, empresarios del destino exitoso que asociamos a otros en la conquista de la vida.

Esta serie de *Josué, el conquistador* como todos los demás perfiles publicados en otros de mis libros, se preparó y se expuso primero ante el púlpito de la *Iglesia Pentecostal de Jesucristo de Queens* (**IPJQ**) radicada en Queens, Nueva York y luego en diferentes púlpitos de nuestra querida Latinoamérica, en convenciones, congresos y campañas evangelísticas. Todo lo dicho aquí ha sido probado, evaluado y considerado por audiencias en vivo. ¡A Dios sea solamente la gloria!

Como siempre doy mil gracias a mi secretaria la Lic. Carmen Torres, la cual por muchos años me ha asistido, ayudándome en el trabajo de mecanografía (aunque soy mecanógrafo profesional) y de computación. ¡Ella conoce mi estilo de escritor! ¡Carmen, eres parte de este nuevo proyecto literario! A la Editorial Portavoz muestro agradecimiento por haberme dado luz verde para publicar la serie de *Sermones de grandes personajes bíblicos*; a Cathy R. Vila, quien conozco desde hace muchos años y que es una gran persona y especialmente a Deborah L. Vila, directora editorial de esta casa publicadora, cuyos consejos editoriales son siempre bien recibidos.

Obispo Kittim Silva Bermúdez
Huautemoc, Tamaulipas, México
Marzo del 2003

# "Y JOSUÉ DESHIZO A AMALEC"

"Y Josué deshizo a Amalec y a su pueblo a filo de espada" (Éx. 17:13).

## Introducción

Amalec enfrentó al pueblo hebreo en Refidim, siendo la primera batalla de estos libertos (17:8). Moisés delegó esta batalla sobre Josué, el cual reclutó hombres y en la cumbre del collado se quedó Moisés con la vara de Dios (17:9). Aarón y Hur acompañaron a Moisés (17:10). Era un hecho milagroso que al alzar Moisés su mano, Israel prevalecía y al bajar sus manos Amalec aventajaba (17:11). Aarón y Hur, al ver que los brazos de Moisés estaban cansados, le pusieron una piedra para que se sentara y ambos le aguantaron los brazos hasta la puesta del sol, el atardecer (17:12). El resultado fue que Josué y sus hombres vencieron a los amalecitas. (17:13). Dios prometió raer la memoria de los amalecitas (17:14). Moisés levantó el altar *"Jehová-nisi"* como señal de la guerra generacional entre Amalec y el pueblo de Dios (17:14-16).

## I. El ofensor

"Entonces vino Amalec y peleó contra Israel en Refidim" (17:8).

Amalec es tipo del mundo de la carne, del enemigo de las almas. Representa todo aquello y a todos aquellos que se levantan contra el pueblo de Dios. Pero también representa nuestra naturaleza pecaminosa, nuestras bajas pasiones y nuestras acciones desordenadas. Amalec fue el nieto de Esaú. *"Y Timna fue concubina de Elifaz hijo de Esaú, y ella le dio a luz a Amalec; estos son los hijos de Ada, mujer de Esaú"* (Gn. 36:12). De Esaú descendieron los edomitas y a Esaú se le conoció como Edom (tierra roja).

*"Esaú tomó sus mujeres de las hijas de Canaán: a Ada, hija de Elón heteo, a Aholibama, hija de Aná, hijo de Zibeón heveo"* (Gn. 36:2). *"Esaú habitó en el monte de Seir; Esaú es Edom"* (Gn. 36:8). *"Estos, pues, son los hijos de Esaú, y sus jefes; él es Edom"* (Gn. 36:19).

El espíritu de Amalec se revela en aquellos que obstaculizan la marcha de los escogidos de Dios, que son piedras de tropiezo y represas de detención para los que desean avanzar. Es el espíritu de la contienda, del enfrentamiento, de la oposición, de la resistencia y de la inercia.

El espíritu de Amalec no nos deja avanzar más rápido hacia el destino que tenemos por delante. Cuando se manifiesta, uno se retrasa gastando tiempo y energías en cosas secundarias. Nos hace entretenernos en cosas triviales que no son las más importantes.

El conquistador tarde o temprano tendrá que tropezar con el espíritu de Amalec que se encuentra esperándonos en el *"desierto de Refidim"*. Y por la ruta de ese desierto de pruebas emocionales o sentimentales, de tentaciones, de tribulaciones, de luchas humanas, todos tenemos que atravesar. ¿Cuál es el nombre de tu desierto?

Después de la provisión milagrosa de maná y codornices (Éx. 16:1-36) y el milagro en *"la peña en Horeb"* que dio agua milagrosamente (Éx. 17:1-7), leemos: *"Entonces vino Amalec y peleó contra Israel en Refidim"* (17:8). Los conquistadores, después de muchas bendiciones, se preparan para enfrentar el espíritu de Amalec.

## II. La orden

"Y dijo Moisés a Josué: Escógenos varones, y sal a pelear contra Amalec; mañana yo estaré sobre la cumbre del collado, y la vara de Dios en mi mano" (17:9).

Moisés dio la orden a Josué, el futuro conquistador, de que reclutara hombres para la batalla del próximo día y que subiera a *"la cumbre del collado"* (17:9). El conquistador sin darse cuenta

## "Y Josué deshizo a Amalec"     11

comenzará poniéndose bajo las órdenes de su autoridad espiritual. La promoción en el reino de Dios comienza cuando entramos por la puerta de la obediencia. Los rebeldes espirituales se promueven a sí mismos, los que se someten a la autoridad espiritual son promovidos por Dios mismo. Solo cuando la autoridad espiritual es revelada a nuestros corazones, nos someteremos sin reservas a la misma.

Moisés ordenó a Josué ir a la batalla y este se iría a *"la cumbre del collado"*. El conquistador no se debe desanimar cuando ve a su autoridad espiritual escoger la parte que parece más fácil, la zona de seguridad, el lugar de comodidad, mientras a él le toca accionar en la zona de inseguridad, en la zona de incomodidad, la *zona roja*, en el *Vietnam* o el *Iraq* del combate. Los *Moisés* ya han pagado su precio, han tomado sus lecciones espirituales, ahora toca a los *Josué* aprender y actuar. El apache viejo no se tiene que probar como guerrero, pero el apache joven tiene que demostrar que es un guerrero.

Esas batallas iniciales maduran, capacitan, adiestran, fortalecen y enseñan mucho al futuro conquistador. Los conquistadores se entrenan en el campo de la batalla espiritual. El soldado recibe su reconocimiento en el escenario de sus actuaciones.

Moisés subió a la cumbre con *"la vara de Dios"* en su mano, símbolo de autoridad, de elección y sobre todo de la presencia milagrosa de Dios. Los *Moisés*, aunque en muchas etapas de sus vidas no batallan, interceden ante Dios por los *Josué*.

Leemos: *"E hizo Josué como le dijo Moisés"*. Esto es obediencia total, donde no hay una sola rendija para la rebeldía. Muchos quieren que otros hagan como ellos dicen, pero ellos no han hecho ni hacen lo que sus líderes espirituales les ordenan. En la Iglesia de Jesucristo hay mucha insubordinación a los rangos. La investidura espiritual que reposa sobre muchos líderes es objeto de falta de respeto.

Siguiendo la orden de Moisés, Josué se fue a pelear contra Amalec, mientras Moisés, Aarón y Hur se fueron a una zona de seguridad, a un lugar de protección. Es interesante señalar que Aarón era el hermano mayor de Moisés y que Hur se cree que era el cuñado de Moisés y de Aarón, quien según la tradición se había casado con María la hermana mayor de ambos.

*"E hizo Josué como le dijo Moisés, peleando contra Amalec; y Moisés y Aarón y Hur subieron a la cumbre del collado"* (17:10). Aunque Moisés no se quedó con Josué y se fue a la cima del collado, lo hizo porque Dios tenía un propósito para con él, ahora Josué no lo entendería pero luego comprendería la importancia de que Moisés subiera al collado.

## III. El milagro

"Y sucedía que cuando alzaba Moisés su mano, Israel prevalecía; mas cuando él bajaba su mano, prevalecía Amalec" (17:11).

Moisés con las manos en alto representaba la victoria del pueblo de Dios, cuando las bajaba el ejército de Amalec prevalecía, dominaba, controlaba. Cuando el ungido, el conquistador, el soñador, el visionario, el constructor, tiene las manos levantadas, el pueblo de Dios está en victoria. Las manos caídas de un ungido señalan derrotas, desánimos, frustraciones, retrocesos.

Moisés al principio luchó solo por mantener los brazos arriba pero estos se le cansaron más y más. Aarón y Hur lo sentaron en una piedra; uno le tomó el brazo derecho y el otro el brazo izquierdo y se los levantaron. Hombres y mujeres de Dios levanten las manos a sus líderes. No los dejen dirigir solos.

*"Y las manos de Moisés se cansaban; por lo que tomaron una piedra, y la pusieron debajo de él, y se sentó sobre ella; y Aarón y Hur sostenían sus manos, el uno de un lado y el otro de otro; así hubo en sus manos firmeza hasta que se puso el sol"* (17:12).

Allí iniciaron un ministerio de apoyo, de ayuda, de fortaleza, de sostenimiento. No eran figuras decorativas junto al libertador y emancipador Moisés. En la cumbre estaban ayudándolo.

Cuando un líder sube a la cumbre necesita mucho apoyo. Si él fracasa hay fracasos para todo el pueblo, si él se mantiene, el pueblo se mantiene. Pusieron *"una piedra"* y Moisés se sentó. Los líderes como Moisés necesitan que les pongamos *"una piedra"* para que puedan descansar. El ministro necesita descansar y un Aarón y un Hur lo deben ayudar.

Moisés descansaba sentado y con los brazos sostenidos por Aarón y Hur, el conquistador Josué dominaba el terreno y las fuerzas opositoras del enemigo Amalec. La espada sola no bastaba para derrotar a Amalec, se necesitaba el poder de Dios.

Muchos seguidores de Dios no alcanzan más victorias porque no desarrollan un ministerio de ayuda a sus líderes. Con las manos en alto el pueblo se animaba a pelear junto al conquistador Josué. Detrás de los conflictos humanos y las luchas, se pelean guerras mayores, las espirituales.

Los conquistadores también dependen de ser animados por sus líderes. Necesitan verlos con los brazos levantados, eso los anima a ellos a continuar. ¡Líderes animen a quienes están peleando a su favor! Denles señales espirituales para que continúen peleando,

## "Y Josué deshizo a Amalec" 13

derrotando y conquistando. El ser humano necesita ser reconocido y apremiado por sus esfuerzos.

Leemos: *"Y las manos de Moisés se cansaban; por lo que tomaron una piedra, y la pusieron debajo de él, y se sentó sobre ella; y Aarón y Hur sostenían sus manos, el uno de un lado y el otro de otro; así hubo en sus manos firmeza hasta que se puso el sol"* (17:12). La batalla entre Josué el conquistador, con su ejército y el ejército de Amalec, abarcó desde la mañana hasta la puesta del sol. Muchas batallas se ganan cuando el sol se pone. Es interesante que los miembros de su familia, estaban allí apoyando a Moisés.

Jesús con sus manos levantadas y sostenidas en el madero del Calvario, representó nuestra victoria sobre el pecado y la condenación. Como *"Sol de justicia"*, alumbra durante nuestras batallas y no se pone hasta que no prevalecemos.

*"Mas a vosotros los que teméis mi nombre, nacerá el Sol de justicia, y en sus alas traerá salvación; y saldréis, y saltaréis como becerros de la manada"* (Mal. 4:2).

Leemos: *"Y Josué deshizo a Amalec y a su pueblo a filo de espada"* (17:13). El conquistador conquistó y no fue conquistado, venció y no fue vencido, triunfó y no fue derrotado *"deshizo a Amalec"*, y así haremos nosotros con el espíritu de Amalec, habremos de prevalecer. ¡Tenemos que vencer la carne! ¡Tenemos que resistir la oposición! ¡Tenemos que derrotar al mundo!

Dios ordenó a Moisés que registrara esta batalla contra Amalec como documento histórico: *"Y Jehová dijo a Moisés: Escribe esto para memoria en un libro"* (17:14). Y así lo hizo Moisés. Nunca olvidemos las victorias que Dios nos ha dado. Todos los testimonios que tengas de Dios en tu vida, escríbelos para memoria y cuando los necesites no los olvidarás.

A Josué Dios le dio esta profecía: *"y di a Josué que raeré del todo la memoria de Amalec de debajo del cielo"* (17:14). ¡Interesante! ¡Fabuloso! ¡Extraordinario! ¡Sensacional! ¡Espectacular! La memoria de Amalec sería quitada por Dios. ¡Tenemos que olvidarnos de Amalec! Vamos hacia delante, marchando en la vida. Amalec no merece que lo estemos recordando.

En cuanto a Moisés, este *"edificó un altar, y llamó su nombre Jehová-nisi"* (17:15). Hombres y mujeres de Dios, ¡seamos gente de altar! Aunque Dios nos use y nos dé grandes victorias, démosle gracias y levantemos para Él un altar de gloria a su nombre.

*"Jehová-nisi"* significa: *"Jehová es mi bandera"*. Los conquistadores no levantan bandera a su nombre, ni a su ministerio, la levantan a Dios. Moisés acreditó esa victoria a Dios, no a sí mismo, ni a Aarón, ni a Hur, ni a Josué, ni al ejército, sino a Jehová. Esa fue la

bandera que Moisés levantó. El conquistador aprende de su líder a darle a Dios la gloria en todo, con todo y por todo.

Leemos: *"y dijo: Por cuanto la mano de Amalec se levantó contra el trono de Jehová, Jehová tendrá guerra con Amalec de generación en generación"* (17:16).

Amalec al levantarse contra el pueblo de Dios se levantó contra Dios, y Jehová le declaró la guerra generacional. Muchas generaciones pagan las consecuencias por los pecados de sus antecesores. A partir del siglo séptimo antes de Jesucristo, los amalecitas desaparecieron de la historia, sin hallazgo arqueológico. ¡Dios es *caballero de Palabra*! La lucha entre la carne *"Amalec"* y el espíritu *"el pueblo de Dios"*, es una lucha larga.

## Conclusión

(1) El conquistador debe saber que Amalec quiere la guerra contra él y debe estar preparado para la misma.

(2) El conquistador será enviado a misiones de peligro mientras su líder mira a la distancia con los brazos levantados, lo cual significa victoria.

(3) El conquistador peleará mientras otros tienen el ministerio de levantar brazos cansados.

# "SUBAMOS LUEGO, Y TOMEMOS POSESIÓN"

"Entonces Caleb hizo callar al pueblo delante de Moisés, y dijo: Subamos luego, y tomemos posesión de ella; porque más podremos nosotros que ellos" (Nm. 13:30).

## Introducción

Por orden de Jehová, Moisés designó doce hombres para la exploración inicial de la Tierra Prometida, uno por cada tribu, entre ellos Oseas hijo de Nun, de la tribu de Efraín, y Caleb hijo de Jefone, de la tribu de Judá (los dos héroes de los capítulos 13 y 14).

Números 13:1-15 presenta la lista de nombres por tribus. El versículo 16 revela que Moisés le puso a Oseas hijo de Nun el nombre de Josué. Los versículos 17 al 20 detallan las instrucciones dadas por Moisés a los doce espías. En los versículos 21 al 26 los presenta en la exploración de Canaán y en el informe dado a Moisés, a Aarón y al pueblo. El informe de la mayoría, diez espías, fue desalentador y pesimista (13:27-29). El de Caleb fue alentador y optimista, el cual compartió también Josué (13:30). Pero los otros espías se mantenían en su posición (13:31-33).

En el capítulo 14:1-4 el pueblo, influenciado por el informe negativo, se rebeló. Moisés y Aarón se postraron ante el pueblo (14:5). Josué y Caleb mantuvieron su posición de conquistadores (14:6-9).

## Josué el conquistador

El pueblo los quiso apedrear (14:10). Dios le declaró a Moisés que destruiría al pueblo (14:11-12), pero Moisés intercedió ante Dios con un discurso muy sentimental. (14:13-19).

### I. La orden

"Y Jehová habló a Moisés, diciendo: Envía tú hombres que reconozcan la tierra de Canaán, la cual yo doy a los hijos de Israel; de cada tribu de sus padres enviaréis un varón, cada uno príncipe entre ellos" (13:1-2).

En muchas ocasiones en los siervos y siervas de Dios se descubren las órdenes de Dios. ¡Tenemos que aprender a realizar las órdenes de Dios! Para Dios somos sus *"muchachos"* y sus *"muchachas"* de mandados, de encomiendas, de mensajes, somos sus carteros. A veces nos da la impresión de que alguien nos está usando, nos está manipulando, está abusando de nuestra gentileza, de los dones o del fruto del Espíritu, para luego descubrir que era el Señor Jesucristo utilizando a esa persona para usarnos a nosotros.

Moisés escogería doce príncipes, uno por cada tribu y los enviaría como exploradores a espiar la tierra que Dios les daría. Los conquistadores son más *realistas* que *idealistas*. Antes de conquistar y reclamar la promesa divina harían un estudio del territorio, pero siempre confiando en la providencia divina.

De entre todos ellos sobresaldrían el príncipe de la tribu de Judá, Caleb hijo de Jefone (13:6), y el príncipe de la tribu de Efraín, Oseas hijo de Nun (13:8) y de estos dos sobresalió Oseas, a quien se le destaca con estas palabras: *"Estos son los nombres de los varones que Moisés envió a reconocer la tierra; y a Oseas hijo de Nun le puso Moisés el nombre de Josué"* (13:16). Su nombre *Josué* significa: *"Jehová salva"*. Y es el equivalente del hebreo al griego *Yeshua*; de ahí viene el nombre *"Jesús"*, que significa *"salvación"*. Aún el nombre de *"Josué"*, su nombre nuevo, fue profético de su misión conquistadora. *"Oseas" significa "un deseo por salvación"* y *"Josué"* significa *"cabeza de salvación"* y *"diariamente puesto"*.

### II. La investigación

"Y volvieron de reconocer la tierra al fin de cuarenta días" (13:25).

## "Subamos luego, y tomemos posesión"

Moisés les instruyó sobre la ruta a tomar: *"Subid de aquí al Neguev, y subid al monte"* (13:17). Salieron con dirección, con metas fijas y con un propósito ya establecido. Los conquistadores saben de dónde salen y a dónde suben; conocen el *porqué* y el *para qué* de su salida.

Ellos observarían la Tierra Prometida, su terreno, sus habitantes, sus fortalezas y debilidades, harían un ligero censo de la población observada, si el terreno era bueno o malo y qué clase de construcción tenían: *"y observad la tierra cómo es, y el pueblo que la habita, si es fuerte o débil, si poco o numeroso; cómo es la tierra habitada, si es buena o mala; y cómo son las ciudades habitadas, si son campamentos o plazas fortificadas"* (13:18-19).

Además prestarían atención al terreno, su flora y traerían de su fruto: *"y cómo es el terreno, si es fértil o estéril, si en él hay árboles o no; y esforzaos, y tomad del fruto del país. Y era el tiempo de las primeras uvas"* (13:20).

Leemos: *"Y era el tiempo de las primeras uvas"* (13:20). ¡Dios nunca se equivoca cuando da alguna instrucción! ¡Era un tiempo de cosechas! En tiempo de cosecha se deben buscar frutos. ¡Cosecha cuando haya cosechas!

Ellos hicieron un recorrido que los llevó hasta Hebrón y allí había tres gigantes *llamados "Ahimán, Sesai y Talmai, hijos de Anac"* (13:22). ¿Cómo se llaman tus gigantes? ¿Enfermedad, depresión y desánimo? ¿Tentación, pruebas y dificultades? ¿Luchas, contiendas y conflictos? ¿Envidias, celos y persecuciones? ¿Quién es el padre de tus problemas o la causa de los mismos? Además se aclara: *"Hebrón fue edificada siete años antes de Zoán en Egipto"*.

El autor de esta tradición de Números era muy conocedor de la geografía y ciudades cananeas. Hasta el día de hoy Hebrón se mantiene con ese mismo nombre aunque con conflictos entre palestinos e israelíes. Allí están las tumbas de Abraham, Isaac, Jacob, Sara y Rebeca; la tumba tradicional de Raquel (que he visitado muchas veces) está en una de las dos entradas de la ciudad de Belén.

Leemos: *"Y llegaron hasta el arroyo de Escol, y de allí cortaron un sarmiento con un racimo de uvas, el cual trajeron dos en un palo, y de las granadas y de los higos"* (13:23).

El símbolo o logo del ministerio de turismo en Israel es el de dos hebreos cargando un racimo grande de uvas suspendido en medio de un palo o vara llevado por ellos. Y muchos acreditan esta tarea a Josué y a Caleb, aunque el texto bíblico no lo acredita. Tres frutos sobresalieron en lo que los espías observaron en la tierra de Canaán: las uvas, las granadas y el higo, que hasta hoy día se cosechan en Israel y en el territorio Palestino. Aunque en el libro de Deuteronomio se habla de seis frutos destacados en la tierra de la promesa. *"Porque Jehová tu Dios te introduce en la buena tierra, tierra de arroyos, de aguas, de fuentes y de manantiales, que brotan en vegas y montes; tierra de trigo y cebada, de vides, higueras y granados; tierra de olivos, de aceite y de miel; tierra en la cual no comerás el pan con escasez, ni te faltará nada en ella; tierra cuyas piedras son hierro, y de cuyos montes sacarás cobre"* (Dt. 8:7-9). Los seis frutos de cosecha mencionados aquí son: 1. El trigo. 2. La cebada 3. La uva. 4. El higo. 5. La granada. 6. La aceituna.

La visión negativa de los *"gigantes"* era para los diez espías más importante que los frutos vistos en la Tierra Prometida. Para Josué y Caleb la visión positiva de las uvas, las granadas y el higo (frutos dulces) era de más importancia que los *"gigantes"*. Son muchos en nuestros días que se las pasan mirando *"gigantes"* y no miran frutos dulces como uvas, granados e higos. Ven a un *"león"* muerto, pero no ven *"un panal de miel"* (Jue. 14:8).

Al lugar le llamaron *"Valle de Escol"* o *"Valle del racimo"* (13:24). Aquella actividad le dio el nombre al valle, aunque ya lo tenía el arroyo. A los cuarenta días terminó su misión de exploración en territorio extraño.

Ellos llegaron a Moisés, a Aarón, al pueblo: *"y dieron la información a ellos y a toda la congregación, y les mostraron el fruto de la tierra"* (13:26). Esta parte del informe lo rindieron con evidencias palpables y visibles. Describieron la tierra como una que *"fluye leche y miel; y este es el fruto de ella"* (13:27). Con ese lenguaje figurado afirmaban que era tierra próspera y de cosechas. Hasta aquí el informe era alentador, motivador, muy bueno. Daba ganas a cualquiera de emprender la tarea de conquistar.

Pero escuchemos la segunda parte de su informe: *"Mas el pueblo que habita aquella tierra es fuerte, y las ciudades muy grandes y fortificadas; y también vimos allí a los hijos de Anac. Amalec habita el Neguev, y el heteo, el jebuseo y el amorreo habitan en el monte, y el cananeo habita junto al mar, y a la ribera del Jordán"* (13:28-29).

El mensaje de la "mayoría" era desalentador, era de "no se puede"; "son demasiados fuertes"; "no podemos contra ellos"; "no seremos los conquistadores, sino los conquistados"; "tenemos temor de enfrentarlos"; "dudamos de poder vencerlos".

La "mayoría" no siempre es la voluntad de Dios. El voto de la mayoría (lo cual parlamentariamente respetamos) en muchos casos se opone a la voluntad de Dios. La "mayoría" muchas veces se equivoca en discernir el propósito divino. La "mayoría"

# "Subamos luego, y tomemos posesión"

muchas veces se hace parte del problema y no de la solución. ¡Solo ven problemas, no ven soluciones! ¡Confiesan imposibles y no posibles! ¡Ven la derrota y no la victoria! ¡Ven un mal negocio y no un buen negocio! Muchas elecciones en congregaciones y concilios responden a fines políticos, más que a propósitos divinos. Se eligen personas más por campañas políticas que por la visión, el llamado y las convicciones. Muchos hombres y mujeres escogidos por Dios han sido rechazados mediante el proceso de algunas elecciones "carnales". ¡A veces somos más políticos que los políticos del mundo!

Incluso a veces se llega al extremo de enmendar un reglamento, discriminando contra alguien, de modo que quede excluido de un puesto ejecutivo. Muchos excluyen a otros para poder incluirse ellos. La ambición de poder embrutece a muchos y los pone de espaldas a los propósitos de Dios.

### III. La minoría

"Entonces Caleb hizo callar al pueblo delante de Moisés, y dijo: Subamos luego, y tomemos posesión de ella; porque más podremos nosotros que ellos" (13:30).

Caleb y Josué eran de la minoría, del comité enviado por Moisés. *En Reglas parlamentarias* se enseña que así como la mayoría tiene derecho de rendir un informe, la minoría goza del mismo privilegio, si lo solicita y si se lo permite la asamblea.

Caleb habló en nombre de los dos. Su mensaje fue optimista, positivo, alentador lleno de fe: (1) *"Subamos luego"*. Ya. No hay tiempo que perder. Marchemos ahora mismo. (2) *"Y tomemos posesión de ella"*. Esa tierra nos fue prometida y es nuestra. La Palabra de Dios nos la garantizó. No vamos a negociar, vamos a reclamar. (3) *"Porque más podremos nosotros que ellos"*. Ellos no nos van a ganar. Hemos sido destinados para ser los conquistadores y no los conquistados. Tenemos que ser parte de la solución y no parte del problema.

La "mayoría" reaccionó al mensaje de Caleb diciendo: *"No podemos subir contra aquel pueblo, porque es más fuerte que nosotros"* (13:31). Ellos se mantenían en la misma confesión negativa. Ese *"no podemos"* tiene a muchas personas como reos del fracaso, confinados de la derrota, presos de la perdición, pordioseros del destino, náufragos del infortunio y mendigos de la desesperación. Y se mantenían declarando: *"porque es más fuerte que nosotros"*. Al declarar que el pueblo cananeo era "fuerte", esta mayoría se hacía débil. Di a otro que es fuerte, y tú te sentirás débil.

Luego añadieron a sus discursos: *"Y hablaron mal entre los hijos de Israel, de la tierra que habían reconocido, diciendo: La tierra por donde pasamos para reconocerla, es tierra que traga a sus moradores; y todo el pueblo que vimos en medio de ella son hombres de grande estatura. También vimos allí gigantes, hijos de Anac, raza de los gigantes, y éramos nosotros, a nuestro parecer, como langostas; y así les parecíamos a ellos"* (13:32-33).

¡El miedo hace al poseedor exagerar toda realidad! El miedo es fe a la inversa. Decían: *"es tierra que traga a sus moradores"*. Vieron lo que no era, fueron negativos. Se ataron a sus propias palabras. Las palabras atan o desatan; libertan o esclavizan. ¡Pero esa tierra no se tragó a ninguno de ellos! ¿No es esto algo irónico? Si de ellos no se tragó a ninguno, ¿por qué habría de tragarse a otros? Para muchos los problemas son como *"tierra que traga"*; las pruebas son como *"tierra que traga"*. El miedo les hace ver siempre una *"tierra que traga"*, y ese miedo se lo proyectan a otros.

Para muchos construir un nuevo templo es *"tierra que traga"*. Emprender el desarrollo de un nuevo proyecto es *"tierra que traga"*. Desarrollar un nuevo ministerio para bendición de la congregación es *"tierra que traga"*. Producir un cambio para el crecimiento es *"tierra que traga"*. Implementar un cambio es *"tierra que traga"*.

Veían a los moradores en Canaán como *"hombres de grande estatura"*. Al verlos a ellos grandes, estos se veían a sí mismos pequeños. Al exagerar lo que otros son, reducimos lo que somos nosotros. Ve a otros más grandes que tú y te volverás un pigmeo en tu mente y te sentirás pigmeo en tus sentimientos. Aumenta a Dios y redúcete tú. ¡Si aumentas a otros te reduces a ti! ¡Si reduces a otros te aumentas a ti mismo!

Ellos hablaron de la *"raza de los gigantes"* de Anac para acomplejarse ante ellos. Decían: *"a nuestro parecer"*. Hablaron de su *"parecer"* no era hablar de manera realista. Se compararon a *"langostas"*, a pequeños insectos. Leemos: *"y así les parecíamos a ellos"*. Otros nos verán como nos sentimos vernos. El que se siente que es un tonto actuará como un tonto y otros lo considerarán un tonto. El que cree que es un fracasado acabará comportándose como un fracasado, y otros dirán que es un fracasado.

¡No dejes que tus sentimientos puedan empequeñecer la potencialidad que hay dentro de ti! ¡No eres tan pequeño como has llegado a creerte! ¡No te dejes dominar por el complejo de *"langostas"*! Aunque te sientas como una *"langosta"*, no eres *"lan-*

# "Subamos luego, y tomemos posesión"

*gosta"*. ¡Tú eres tú! ¡Eres algo especial para Dios y de Dios! ¡Eres un príncipe de Dios! ¡Habla como príncipe!

## Conclusión

(1) El conquistador al obedecer las órdenes que su líder le da de parte de Dios, obedece a Dios mismo.

(2) El conquistador se preparará para escuchar informes negativos.

(3) El conquistador nunca se verá reducido ante sus enemigos, por eso nunca exagerará sobre ellos.

(4) El conquistador no se deja comer por los problemas, se comerá a los problemas *"como pan"*.

# "Y PONDRÁS TU MANO SOBRE ÉL" 3

"Y Jehová dijo a Moisés: Toma a Josué hijo de Nun, varón en el cual hay espíritu, y pondrás tu mano sobre él" (Nm. 27:18).

## Introducción

Lo relatado en Números 27:12-23 es una repetición ampliada y detallada de Deuteronomio 31:7-14, 23 y Deuteronomio 34:9 (pasajes que expondré en el próximo sermón de esta serie). Jehová ordenó a Moisés subir al monte Abarim o monte Nebo para mostrarle la tierra de la promesa (27:12), de donde podía divisar Jericó, Gilgal, Hai, Betel y el monte de los Olivos. (Este servidor ha estado en el monte Nebo y en la cumbre Pisga cinco veces y algunos de esos días cuando no había neblina pude divisar esos lugares, incluyendo las agujas o torres sobre el monte de los Olivos.) Una vez vista la tierra de la promesa, Moisés moriría (27:13).

La razón por la cual se impedió a Moisés que entrara en la Tierra Prometida fue por haber herido la roca en Cades en el desierto de Zin (27:14, cp. Nm. 20:1-13). Actualmente, no muy lejos de la antigua ciudad de Petra, la Ciudad Rosada (llamada así por la piedra roja donde fue excavada), se les muestra a los visitantes la Roca de Moisés, una piedra de la cual sale agua y yo he bebido de la misma. Petra está clasificada como una de las Siete Maravillas Modernas.

23

## Josué el conquistador

### I. La petición

"Entonces respondió Moisés a Jehová, diciendo" (27:15).

Moisés llegó a comprender lo que ya no podía hacer; leemos en Deuteronomio 31:2 así: *"Y les dijo: Este día soy de edad de ciento veinte años; no puedo más salir ni entrar; además de esto Jehová me ha dicho: No pasarás este Jordán".*

Hace muchos años, siendo yo joven, escuchaba en una radioemisora neoyorquina decir esto: "Al hombre que admite sus debilidades, no se le pide que demuestre sus fuerzas". En la vida somos dependientes, independientes, interdependientes, codependientes, pero cuando llegamos a ancianos nos hacemos dependientes. Dependemos mucho de los demás, y los demás, o bien dependen poco o nada de nosotros, o bien dependen mucho o todo de nosotros. (¡Hay excepciones!)

¿Nos damos cuenta de cuándo ha llegado el tiempo de retirarnos? ¿Nos retiramos voluntariamente o nos tienen que retirar de forma involuntaria? ¿Estamos dispuestos a preparar a otro en caso de que muramos? ¿Tomará nuestra muerte por sorpresa a muchos y estos tendrán que lidiar con problemas que no ayudamos a aminorar para ellos? ¿Somos un puente generacional?

Moisés pidió a Jehová que pusiera un sucesor para él. Tenía que ser una persona con las cualidades excepcionales de un conquistador, un líder que fuera cabeza, que supiera dirigir, y que fuera seguido por otros.

El conquistador es alguien que *"sale"* y es alguien que *"entra"*. Dirige a otros hacia la excelencia y la conquista de la vida. Con él a la cabeza un grupo, institución o congregación prosperan, progresan, alcanzan metas, logran sus objetivos y se superan de manera exitosa.

La excelencia es hacer para Dios y para otros lo mejor, lo máximo. La excelencia se puede ver en nuestras palabras, acciones, tratos, donde vivimos y donde adoramos. La excelencia en la vida de un ministro habla por sí sola, se defiende sola, se promociona sola. ¡Hagamos las cosas con excelencia!

Notemos esa declaración: *"para que la congregación de Jehová no sea como ovejas sin pastor"* (27:17). El *siervo–líder* sabe que la congregación que dirige no es de él, aunque sean conquistadores, es *"la congregación de Jehová"*. ¡El dueño de la obra es Dios! Nadie o ninguno tiene derecho de apropiarse de los que Dios le ha encargado. Jesucristo desaprueba los liderazgos autoritarios, dictatoriales y

# "Y pondrás tu mano sobre él" 25

abusivos, es decir, aquellos que no sirven en su posición, sino que se sirven de su posición. Aunque hay dictadores espirituales que sí sirven y se preocupan por el bienestar espiritual de las ovejas. Pero aun así Dios nos llama a libertad y no a opresión. El espíritu de opresión es el de Egipto. La falta de liderazgo deja a las *"ovejas sin pastor"*. Una junta de una congregación por buena que sea, no puede usurpar el lugar que le corresponde a la figura de un pastor. El pueblo necesita de un conquistador con un corazón pastoral. Un líder creativo con iniciativa propia, con metas fijas, con objetivos claros y con planes a corto y a largo plazo, mueve a una organización o ministerio victoriosamente hacia el futuro.

Muchos líderes nunca planifican para la obra después de su partida, dejan que las cosas ocurran al azar, que el río del futuro se desborde y tome su propio curso y no lo canalizan; y el futuro se debe planificar. Su esposa y familia tienen que sufrir luego las consecuencias de esta clase de líderes. Hoy termina nuestro pasado y hoy comienza nuestro futuro. Donde tú y yo terminamos, otro comenzará. Alguien dijo: "Soy hoy lo que decidí ayer, y seré mañana lo que decida hoy".

## II. La elección

"Y Jehová dijo a Moisés: Toma a Josué hijo de Nun, varón en el cual hay espíritu, y pondrás tu mano sobre él" (27:18).

¿Quién eligió a Josué como sucesor de Moisés? Dios eligió a Josué usando para esta elección a Moisés. Dios tiene que revelar en el corazón del líder en su función o en su puesto, quién será su sucesor o a quién Dios quiere usar en lugar de él.

Notemos la expresión: *"Josué hijo de Nun, varón en el cual hay espíritu"*. Dios reveló que Josué tenía el espíritu del conquistador. Los conquistadores son revelados por Dios. Todos son cortados por el mismo patrón de las tijeras del cielo; son piezas hechas en el mismo molde celestial.

A Moisés Dios lo instruyó: *"y pondrás tu mano sobre él"*. Para el ministerio deben separarse y consagrarse aquellos que Dios haya elegido. Josué fue apartado por Moisés mismo como su sucesor porque Dios se lo reveló.

Leemos: *"y lo pondrás delante del sacerdote Eleazar, y delante de toda la congregación; y le darás el cargo en presencia de ellos"* (27:19).

Josué tuvo que ser presentado ante el sacerdote Eleazar y ante toda la congregación y delante de ellos Moisés le dio *"el cargo"* (27:19, cp. 27:22). La entrega de cargos se debe hacer pública. Josué no buscó *"el cargo"*, sino que *"el cargo"* buscó a Josué. Uno no busca los títulos, sino que los títulos buscan a uno. El conquistador no busca cargos, los cargos lo buscan a él o a ella. Uno no se llena con los cargos, uno llena los cargos. Uno posee los cargos, los cargos no poseen a uno. El nombre identifica a uno, pero no hace a uno. Uno hace al nombre. A quienes están demasiado exaltados por los cargos y títulos hay que hacerlos reflexionar. El abuso de poder produce soledad; de ahí que se hable de la soledad del poder.

El sacerdote Eleazar y la congregación aceptarían a Josué como el sucesor de Moisés. Ellos darían testimonio de él. Josué tendría que consultar al sacerdote Eleazar, encargado del *"Urim"* objeto por el cual hablaba Dios. No daría órdenes sin antes buscar la voluntad de Dios.

*"El se pondrá delante del sacerdote Eleazar, y le consultará por el juicio del Urim delante de Jehová; por el dicho de él saldrán, y por el dicho de él entrarán, él y todos los hijos de Israel con él, y toda la congregación"* (27:21).

*"Y pondrás de tu dignidad sobre él, para que toda la congregación de los hijos de Israel le obedezca"* (27:20).

De acuerdo con lo que un líder ponga sobre un sucesor, así será aceptado en una posición de autoridad espiritual. Cuando el pueblo reconoce a alguien designado como autoridad espiritual, este obedece a dicha persona, pero esa autoridad debe ser revelada en el corazón de otros y de esa manera será obedecida.

Moisés puso sobre Josué de su *"dignidad"*, lo hizo recipiente de su propio honor y honra. Lo que él era se lo dio a Josué. El respeto que a él le daban se lo traspasó a Josué. Hizo que a Josué lo reconocieran y lo respetaran como habían hecho con él.

La investidura para una posición conlleva derechos, privilegios y responsabilidades, que pueden usarse de manera correcta o de los cuales se puede abusar. La *"dignidad"* que un líder transfiere sobre nosotros, o que nosotros transferimos sobre otros, debe valorizarse y siempre mantenerse.

El sucesor que es investido con la *"dignidad"* de su antecesor es obedecido por aquellos que obedecían al primero. Moisés allanó el camino para Josué. Lamentablemente para muchos líderes que han llegado a posiciones no les ha sido fácil; su antecesor le ha hecho difícil su ascenso, le ha puesto trabas en el camino, le ha destruido los puentes para cruzar y no ha sabido cooperar en la transición del liderazgo. Muchos líderes que dejan sus cargos entran en una crisis de posición. No se han preparado psicológicamente para ser derrotados por elección en una asamblea, el retiro obligatorio por enfermedad los toma de sorpresa; ayer la posición les daba inmunidad y protección de sus opositores y hoy son civiles como los demás y sienten el ataque y rechazo de muchos.

Algunos líderes, incluso un año después de haber sido sustituidos de su posición, actúan como si todavía tuvieran el mando del barco. Las organizaciones deben ayudar a los líderes salientes, y los nuevos líderes deben tener consideración hacia los mismos. Muchos líderes negocian con sus juntas para presentar su renuncia a cambio de que se les mantenga el mismo salario que por muchos años han mantenido y además exigen que se les den todos los beneficios; hasta el final continúan sacando todo lo que pueden a su organización y privando a los nuevos líderes de recibir el máximo de beneficios.

Durante muchos años un líder sirvió como miembro en un ministerio latinoamericano. Cuando su tiempo de servicio terminó, de los que menos esperaba fue golpeado, otros se burlaban de él, supuestos "amigos" se volvieron encarnecidos enemigos. Algunos a los que ayudó le dieron la espalda. Un conocido líder en un reconocimiento que se le hizo, al hacer uso de la palabra ni se dignó a mencionar su nombre y subestimó el trabajo que durante años le tocó desarrollar. Pero otro amigo salió en su defensa y contestó con elegancia protocolar ante aquella ofensa humana. Su larga trayectoria como líder le permitió sobrevivir al rechazo y al desprecio, que pronto le ganaron el respeto y la admiración nuevamente. Y demostró que las posiciones no hacen a un líder, un líder hace las posiciones. Si en los Estados Unidos de América los generales siguen con el respeto de generales, aunque no estén frente a un ejército... ¡cuánto más debería ser en el ejército de Jesucristo!

Lamentablemente, el liderazgo latino evangélico es en esto muy descuidado. Hay líderes que son removidos ilegítima y espiritualmente de su posición por celos, por envidia, o por el "quítate tú y me pongo yo", y esto les produce una crisis de posición. Se sienten engañados y maltratados. Pero estos deben aceptar que si alguna injusticia les ha ocurrido es porque Dios lo ha permitido con algún propósito que solo en el futuro podrán entender. Lo peor de la vida es ir a la historia de alguien en particular como la estrella del traidor.

Dios preparó a Moisés para su retiro, en su caso por muerte física y como consecuencia pasada de auto descontrol en su liderazgo. Líderes, ¡preparémonos para cuando tengamos que bajar de la cima de la posición a la sima de la degradación!

En alguno de mis sermones anteriores ya lo dije, pero repito lo expresado por el ex superintendente de las Asambleas de Dios en México, el muy querido Pbro. Alfonso De Los Reyes: "La posición más alta aquí es la de Superintendente Nacional, después de la misma solo queda bajar". Líderes, ¡aprendamos que las posiciones son rotativas! ¡Hoy somos figuras, mañana estaremos desfigurados! (Aunque no pasa con todos).

## Conclusión

(1) El conquistador es elegido por Dios y reconocido por su líder anterior.

(2) El conquistador se presenta con la "dignidad" investida sobre él por su antecesor, a causa de la misma será obedecido.

# "Y LLAMÓ MOISÉS A JOSUÉ"

"Y llamó Moisés a Josué, y le dijo en presencia de todo Israel: Esfuérzate y anímate; porque tú entrarás con este pueblo a la tierra que juró Jehová a sus padres que les daría, y tú se la harás heredar" (Dt. 31:7).

## Introducción

En Deuteronomio 31:1-23, Moisés llamó, presentó y comisionó a Josué con la responsabilidad de conquistar Canaán y de dividir la tierra entre las tribus de Israel. En el capítulo 31:24-30 Moisés habló a los levitas y les dio instrucciones de poner el libro de la ley y ponerlo al lado del arca del pacto.

El capítulo 32:1-47 es un cántico de amonestación al pueblo de Israel, cantado con tono profético. En los versículos 48-52, Dios habló a Moisés y le reveló que moriría en el Monte Nebo; por haber golpeado o herido la roca en Meriba de Cades él vería la tierra, pero no entraría en ella.

El capítulo 33:1-29 es una larga profecía de bendición a las tribus de Israel por parte de Moisés, el longevo libertador de los hebreos. En sus palabras fluye la profecía.

En el capítulo 34:1-4 se ve a Moisés en la cumbre Pisga del Monte Nebo contemplando Cisjordania, la tierra de la promesa. Los versículos 5 al 12 hablan de la muerte del patriarca, se dice que el lugar de su sepultura es desconocido y por él se tuvo un luto de treinta días y según el autor del registro final de la tradición deuteronomista fue único, fue algo especial (34:10-12).

Con este cuadro final de Moisés, te invitó a que nos acerquemos al texto bíblico y reflexionemos sobre el llamado de Josué por Moisés.

## I. La aceptación

"Y les dijo: Este día soy de edad de ciento veinte años; no puedo más salir ni entrar; además de esto Jehová me ha dicho: No pasarás este Jordán" (31:2).

Muchos líderes se niegan a aceptar que les ha llegado el tiempo de la transición, la entrega del palo y el cambio de poder. El no aceptar que estamos terminando y que a otro le toca comenzar, puede hacer mucho daño a la obra del Señor.

Moisés reconoció, sin que nadie se lo dijera o lo presionara, que ya estaba avanzado en edad y que lo que había hecho antes ya no lo podría seguir haciendo. Se preparó para escribir su último capítulo como líder designado por Dios y acreditado por el cielo.

Él declaró: *"Este día soy de edad de ciento veinte años; no puedo más salir ni entrar; además de esto Jehová me ha dicho: No pasarás este Jordán"* (31:2).

Muchos no quieren aceptar ese "no puedo más" Sin poder, quieren hacer las cosas. Esos son los que envejecen y hacen envejecer la obra del Señor Jesucristo. Moisés sabía y reconocía sus limitaciones: *"no puedo más salir ni entrar"*. O sea: *"no puedo dirigir más"*. También se olvidan del *"Jehová me ha dicho"*.

A todos nos llegará ese día no deseado, ese día negro, ese día de retiro, ese día de renuncia, ese día de arrojar los guantes, ese día cuando ya no podremos salir ni entrar más. Moisés nunca pensó que ese día tan difícil le llegara a él y al pueblo de Israel. A la edad de ochenta años dirigió al pueblo hebreo en el éxodo de Egipto, los organizó, les dio leyes religiosas, leyes ceremoniales, leyes morales, los tuvo que soportar y vio a Dios de manera muy real acompañando al pueblo y hablando cara a cara con él. Pero esos cuarenta años, esa generación al servicio de Dios, había concluido. Donde comenzó el círculo ahí se cerraba.

Aquellos y aquellas que vivamos vidas realizadas también llegaremos a *"viejos"* realizados. Nos retiraremos de los trabajos seculares, del trabajo ministerial, ya no podremos dirigir más, alguien nos sustituirá en nuestro trabajo y oficio. En vez de llevar, seremos llevados; en vez de ordenar, seremos ordenados; en vez de tomar el timón, otro lo tomará. ¡Tenemos que prepararnos para el tiempo del retiro!

El Evangelio de Juan dice lo siguiente: *"De cierto, de cierto te digo: Cuando eras más joven, te ceñías, e ibas a donde querías; mas cuando ya seas viejo, extenderás tus manos, y te ceñirá otro, y te llevará a donde no quieras"* (Jn. 21:18).

## "Y llamó Moisés a Josué" 31

Dios habló así a Moisés: *"No pasarás este Jordán"*. ¿Cuántos "Jordanes" nos dejará Dios pasar? El retiro no tomó por sorpresa a Moisés, Dios ya se lo había revelado y él se había preparado. Habrá empresas que no llegaremos a realizar, metas que no alcanzaremos, otro se encargará de hacer aquello que no haremos.

Moisés dio al pueblo palabras de aliento y de esperanza: *"Jehová tu Dios, él pasa delante de ti; él destruirá a estas naciones delante de ti, y las heredarás; Josué será el que pasará delante de ti, como Jehová ha dicho"* (31:3). En vez de retirarse amargado, quejumbroso, discutiendo, el anciano Moisés se retiró con toda dignidad y honor. ¡Profetizando! ¡Motivando! ¡Dando esperanza! ¡Marcando vidas de manera positiva!

Y aprovechó ese momento, por cierto triste, para presentar a su sucesor. Moisés abrió la puerta de par en par a Josué; lo sacó al balcón y lo presentó públicamente. Muchos líderes mueren y matan ministerios por no haber presentado a ningún sucesor.

Moisés llegó a la frontera del Jordán, Josué cruzaría la frontera. Donde termina un líder comienza otro. Pero, sobre todo, Moisés además de ser realista era espiritual. Declaró: *"Josué será el que pasará delante de ti, como Jehová ha dicho"*. Fue un líder que hasta el final tuvo oídos para escuchar la voz de Dios y un corazón para discernir la voluntad de Él.

También recordó al pueblo lo que Jehová Dios hizo con los reyes amorreos Sehón y Og y lo mismo haría con los reyes cananeos (31:4-5). ¡Les predicó fe y les dio testimonio del pasado para el futuro! ¡Las obras de Dios son pretéritas, presentes y futuras!

Escuchemos su mensaje de fe, de ánimo y de esperanza. *"Esforzaos y cobrad ánimo; no temáis, ni tengáis miedo de ellos, porque Jehová tu Dios es el que va contigo; no te dejará, ni te desamparará"* (31:6). Moisés les quitó a ellos la mirada de él como líder y los invitó a mirar a Dios, a confiar en Dios y a esperar en Dios.

## II. La comisión

"Y llamó Moisés a Josué, y le dijo en presencia de todo Israel: Esfuérzate y anímate; porque tú entrarás con este pueblo a la tierra que juró Jehová a sus padres que les daría, y tú se la harás heredar" (31:7).

Josué fue comisionado públicamente para llevar el pueblo a la tierra de las promesas. Moisés públicamente lo presentó, lo endosó, lo declaró. Ante todos lo designó como su sucesor con derecho.

Josué fue llamado por Moisés: *"Y llamó Moisés a Josué"*. Muchos no son llamados por Dios a través de su líder inmediato. Ellos mismos con astucia, manipulación y política se llaman a sí mismos y se ponen en posiciones de autoridad que no les ha sido conferida por Dios. Josué no se llamó, Moisés llamó a Josué de parte de Dios ¿Te ha llamado Dios a la obra? ¿Te has llamado tú mismo?

En sus últimos días el mensaje de Moisés era repetido, casi predicaba lo mismo: *"Esfuérzate y anímate"* (cp. 31:6, 23). Un buen mensaje, una buena prédica, una buena conferencia, se debe repetir cuantas veces sea necesario. Dios habló la misma palabra a Josué después de muerto Moisés: *"Esfuérzate y sé valiente; porque tú repartirás a este pueblo por heredad la tierra de la cual juré a sus padres que la daría a ellos. Solamente esfuérzate y sé muy valiente, para cuidar de hacer conforme a toda la ley que mi siervo Moisés te mandó; no te apartes de ella ni a diestra ni a siniestra, para que seas prosperado en todas las cosas que emprendas. Nunca se apartará de tu boca este libro de la ley, sino que de día y de noche meditarás en él, para que guardes y hagas conforme a todo lo que en él está escrito; porque entonces harás prosperar tu camino, y todo te saldrá bien. Mira que te mando que te esfuerces y seas valiente; no temas ni desmayes, porque Jehová tu Dios estará contigo en dondequiera que vayas"* (Jos. 1:6-9).

En Deuteronomio 31:8 leemos: *"Y Jehová va delante de ti; él estará contigo, no te dejará, ni te desamparará; no temas ni te intimides"*.

Moisés energizó y fortaleció a su discípulo Josué, lo motivó a actuar, lo inspiró como líder. Le profetizó que Dios estaba con él. Y lo animó a no temer y a no dejarse intimidar por nadie. Le puso una inyección de adrenalina espiritual. Moisés no soltó a Josué al peligro, le dio herramientas para enfrentar cualquier peligro.

En 31:14 leemos: *"Fueron, pues, Moisés y Josué, y esperaron en el tabernáculo de reunión"*. Ahora Josué acompañó a Moisés para que Dios hablara al segundo. Josué tenía que aprender a escuchar y a reconocer la voz de Jehová Dios (31:15-21). Lo que Dios le dijo, Moisés lo escribió como un cántico.

> *"Escuchad, cielos, y hablaré;*
> *Y oiga la tierra los dichos de mi boca.*
> *Goteará como la lluvia mi enseñanza;*
> *Destilará como el rocío mi razonamiento;*
> *Como la llovizna sobre la grama,*
> *Y como las gotas sobre la hierba;*
> *Porque el nombre de Jehová proclamaré.*
> *Engrandeced a nuestro Dios.*
> *El es la Roca, cuya obra es perfecta,*

## "Y llamó Moisés a Josué"

*Porque todos sus caminos son rectitud;
Dios de verdad, y sin ninguna iniquidad en él;
Es justo y recto.
La corrupción no es suya; de sus hijos es la mancha,
Generación torcida y perversa.
¿Así pagáis a Jehová,
Pueblo loco e ignorante?
¿No es él tu padre que te creó?
El te hizo y te estableció.*

*Acuérdate de los tiempos antiguos,
Considera los años de muchas generaciones;
Pregunta a tu padre, y él te declarará;
A tus ancianos, y ellos te dirán.
Cuando el Altísimo hizo heredar a las naciones,
Cuando hizo dividir a los hijos de los hombres,
Estableció los límites de los pueblos
Según el número de los hijos de Israel.
Porque la porción de Jehová es su pueblo;
Jacob la heredad que le tocó.
Le halló en tierra de desierto,
Y en yermo de horrible soledad;
Lo trajo alrededor, lo instruyó,
Lo guardó como a la niña de su ojo.
Como el águila que excita su nidada,
Revolotea sobre sus pollos,
Extiende sus alas, los toma,
Los lleva sobre sus plumas,
Jehová solo le guió,
Y con él no hubo dios extraño.
Lo hizo subir sobre las alturas de la tierra,
Y comió los frutos del campo,
E hizo que chupase miel de la peña,
Y aceite del duro pedernal;
Mantequilla de vacas y leche de ovejas,
Con grosura de corderos,
Y carneros de Basán; también machos cabríos,
Con lo mejor del trigo;
Y de la sangre de la uva bebiste vino.*

*Pero engordó Jesurún, y tiró coces
(Engordaste, te cubriste de grasa);
Entonces abandonó al Dios que lo hizo,*

Y menospreció la Roca de su salvación.
Le despertaron a celos con los dioses ajenos;
Lo provocaron a ira con abominaciones.
Sacrificaron a los demonios, y no a Dios;
A dioses que no habían conocido,
A nuevos dioses venidos de cerca,
Que no habían temido vuestros padres.
De la Roca que te creó te olvidaste;
Te has olvidado de Dios tu creador.
Y lo vio Jehová, y se encendió en ira
Por el menosprecio de sus hijos y de sus hijas.
Y dijo: Esconderé de ellos mi rostro,
Veré cuál será su fin;
Porque son una generación perversa,
Hijos infieles.
Ellos me movieron a celos con lo que no es Dios;
Me provocaron a ira con sus ídolos;
Yo también los moveré a celos con un pueblo que no
    es pueblo,
Los provocaré a ira con una nación insensata.
Porque fuego se ha encendido en mi ira,
Y arderá hasta las profundidades del Seol;
Devorará la tierra y sus frutos,
Y abrasará los fundamentos de los montes.

Yo amontonaré males sobre ellos;
Emplearé en ellos mis saetas.
Consumidos serán de hambre, y devorados de fiebre
    ardiente
Y de peste amarga;
Diente de fieras enviaré también sobre ellos,
Con veneno de serpientes de la tierra.
Por fuera desolará la espada,
Y dentro de las cámaras el espanto;
Así al joven como a la doncella,
Al niño de pecho como al hombre cano.
Yo había dicho que los esparciría lejos,
Que haría cesar de entre los hombres la memoria de
    ellos,
De no haber temido la provocación del enemigo,
No sea que se envanezcan sus adversarios,
No sea que digan: Nuestra mano poderosa
Ha hecho todo esto, y no Jehová.

## "Y llamó Moisés a Josué"

*Porque son nación privada de consejos,*
*Y no hay en ellos entendimiento.*
*¡Ojalá fueran sabios, que comprendieran esto,*
*Y se dieran cuenta del fin que les espera!*
*¿Cómo podría perseguir uno a mil,*
*Y dos hacer huir a diez mil,*
*Si su Roca no los hubiese vendido,*
*Y Jehová no los hubiera entregado?*
*Porque la roca de ellos no es como nuestra Roca,*
*Y aun nuestros enemigos son de ello jueces.*
*Porque de la vid de Sodoma es la vid de ellos,*
*Y de los campos de Gomorra;*
*Las uvas de ellos son uvas ponzoñosas,*
*Racimos muy amargos tienen.*
*Veneno de serpientes es su vino,*
*Y ponzoña cruel de áspides.*

*¿No tengo yo esto guardado conmigo,*
*Sellado en mis tesoros?*
*Mía es la venganza y la retribución;*
*A su tiempo su pie resbalará,*
*Porque el día de su aflicción está cercano,*
*Y lo que les está preparado se apresura.*
*Porque Jehová juzgará a su pueblo,*
*Y por amor de sus siervos se arrepentirá,*
*Cuando viere que la fuerza pereció,*
*Y que no queda ni siervo ni libre.*
*Y dirá: ¿Dónde están sus dioses,*
*La roca en que se refugiaban;*
*Que comían la grosura de sus sacrificios,*
*Y bebían el vino de sus libaciones?*
*Levántense, que os ayuden*
*Y os defiendan.*

*Ved ahora que yo, yo soy,*
*Y no hay dioses conmigo;*
*Yo hago morir, y yo hago vivir;*
*Yo hiero, y yo sano;*
*Y no hay quien pueda librar de mi mano.*
*Porque yo alzaré a los cielos mi mano,*
*Y diré: Vivo yo para siempre,*
*Si afilare mi reluciente espada,*
*Y echare mano del juicio,*

## Josué el conquistador

*Yo tomaré venganza de mis enemigos,*
*Y daré la retribución a los que me aborrecen.*
*Embriagaré de sangre mis saetas,*
*Y mi espada devorará carne;*
*En la sangre de los muertos y de los cautivos,*
*En las cabezas de larga cabellera del enemigo.*
*Alabad, naciones, a su pueblo,*
*Porque él vengará la sangre de sus siervos,*
*Y tomará venganza de sus enemigos,*
*Y hará expiación por la tierra de su pueblo.*

*Vino Moisés y recitó todas las palabras de este cántico a oídos del pueblo, él y Josué hijo de Nun. Y acabó Moisés de recitar todas estas palabras a todo Israel; y les dijo: Aplicad vuestro corazón a todas las palabras que yo os testifico hoy, para que las mandéis a vuestros hijos, a fin de que cuiden de cumplir todas las palabras de esta ley. Porque no os es cosa vana; es vuestra vida, y por medio de esta ley haréis prolongar vuestros días sobre la tierra adonde vais, pasando el Jordán, para tomar posesión de ella"* (Dt. 32:1-47).

Allí Dios habló a Josué por mediación de Moisés: *"Esfuérzate y anímate, pues tú introducirás a los hijos de Israel en la tierra que les juré, y yo estaré contigo"*. El mensaje a Josué de parte de Dios siempre fue el mismo: esfuerzo y ánimo. Y eso es lo que se necesita para realizar cualquier tarea para el Señor Jesucristo. Aquellos que se esfuerzan y se animan lograrán mucho éxito en la vida. Sin esfuerzo ni ánimo no se avanza en la vida.

### III. La recepción

*"Josué hijo de Nun fue lleno del espíritu de sabiduría, porque Moisés había puesto sus manos sobre él; y los hijos de Israel le obedecieron, e hicieron como Jehová mandó a Moisés"* (34:9).

Lo dicho aquí es una alusión al libro de Números 27:12-23, donde previamente ya Moisés había apartado y designado a Josué para ser su sucesor.

Primero, *"Y Josué hijo de Nun"*. Es significativo que casi siempre el nombre de Josué aparece asociado con el nombre de su padre Nun. Era un hijo que honraba a su padre. Hijos rebeldes a sus padres, que no los honran difícilmente serán usados por Dios. Un concepto claro de las relaciones familiares es parte del *currículo* de aquel a quien Dios llama a la obra. ¡Sé un buen hijo y serás un buen padre! Segundo, *"fue lleno del espíritu de sabiduría"*. Josué era poseedor del don de la sabiduría. La inteligencia busca y obtiene conocimientos, la sabiduría aplica espiritualmente los conocimientos. La persona con sabiduría descubre la voluntad de Dios y alinea su voluntad con la de Él. El sabio actúa y toma decisiones dentro de la voluntad de Dios. Hombres y mujeres de Dios deben buscar llenarse del *"espíritu de sabiduría"*. La palabra sabiduría viene de saber.

Tercero, *"porque Moisés había puesto sus manos sobre él"*. Aquí se enfatiza la ceremonia de imposición de manos (Nm. 27:23). Con ese acto simbólicamente se daban los puestos (Nm. 27:23). En 1 Timoteo 4:14 leemos: *"No descuides el don que hay en ti, que te fue dado mediante profecía con la imposición de las manos del presbiterio"*. El apóstol Pablo exhortó a Timoteo a no imponer las manos con ligereza.

La ordenación al completo ministerio se ha ridiculizado por líderes que hacen burla de la misma imponiendo manos en la unción ministerial a personas que no llenan los requisitos, cuyas vidas son un signo de interrogación y que buscan llegar al ministerio entrando por la puerta de atrás (sin esfuerzo y trabajo); y no por la puerta del frente (de la elección y el llamado). Una camisa clerical no hace a nadie ministro. ¡Cuántos cuellos o camisas clericales no tienen ministros y cuántos ministros no tienen cuello o camisa clerical!

Supe de un líder que ordenó ministro a una persona en proceso de divorcio; y otro al cual su organización estaba todavía investigando por su carácter y dudas sobre su testimonio, fue también ordenado. En vez de ser ministros "ordenados" son ministros "desordenados". La unción sobre la cabeza no hace un ministro, sino la unción sobre el corazón. Aunque con lo primero se confirma dicho llamamiento.

Cuarto, *"y los hijos de Israel le obedecieron, e hicieron como Jehová mandó a Moisés"*. Los procesos y cambios de Dios se aceptan. Dios curó al pueblo de la enfermedad *moisestista*, al tiempo muchos se enfermarían de *josuetistas*; pero por ahora, se perfila un nuevo líder y se tenía que obedecer. El antónimo de obediencia es desobediencia y la desobediencia es rebeldía. ¡Todos los desobedientes son unos rebeldes!

Cuando se obedece a un líder, a una autoridad espiritual legal y establecida por Dios, a Dios se obedece. El que se rebela contra las autoridades establecidas por Dios contra Dios mismo se rebela. "Un rebelde a la cabeza", dice el Dr. Fermín García, "daña todo el cuerpo". Con los rebeldes se tiene que ser intolerante. Se les debe llamar al arrepentimiento. Se les debe remover de posiciones claves que pueden transformar en posiciones peligrosas y de insubordinación.

## Conclusión
(1) El conquistador acepta cuando su tiempo ha finalizado y cuando ya es tiempo de cambio.

(2) El conquistador anima a otro conquistador que Dios levanta y públicamente lo señala como tal.

(3) El conquistador actúa y se mueve por la sabiduría.

# "SOLAMENTE ESFUÉRZATE Y SÉ MUY VALIENTE"

"Solamente esfuérzate y sé muy valiente, para cuidar
de hacer conforme a toda la ley que mi siervo Moisés
te mandó; no te apartes de ella ni a diestra ni a siniestra,
para que seas prosperado en todas las cosas
que emprendas" (Jos. 1:7).

## Introducción

Moisés ya había muerto (1:1-2), pero Dios habló a Josué y le animó a la conquista y posesión de la Tierra Prometida (1:3-6), recordándole el lugar de "la ley" en su vida (1:7-8), y ofreciéndole su compañía divina (1:9).

Josué ordenó a los oficiales que comunicaran al pueblo que se preparasen con alimentos, ya que en tres días cruzarían el Jordán (1:10-11). A los rubenitas, a los gaditas y a los de Manasés les recordó que aunque su porción territorial estaba a este lado del Jordán, tenían que cruzar y ayudar en la conquista de Canaán (1:12-15). A lo cual ellos se comprometieron a obedecer como a Moisés (1:16-18).

## I. La promesa

"Yo os he entregado, como lo había dicho a Moisés,
todo lugar que pisara la planta de vuestro pie" (1:3).

Por cuarenta años una generación nacida en el desierto, hijos e hijas de padres y madres fallecidos en el mismo, no habían conocido a otro líder que al legendario Moisés. A él habían escuchado. Con él habían andado. Él era su modelo para imitar.

Moisés, un hebreo adoptado como príncipe egipcio, que a los cuarenta años de edad descubre su propia identidad hebrea, reaccionando contra la injusticia de un egipcio que abusaba de un hebreo y que tomó la justicia por su mano matando a aquel ofensor: *"En aquellos días sucedió que crecido ya Moisés, salió a sus hermanos, y los vio en sus duras tareas, y observó a un egipcio que golpeaba a uno de los hebreos, sus hermanos. Entonces miró a todas partes, y viendo que no parecía nadie, mató al egipcio y lo escondió en la arena. Al día siguiente salió y vio a dos hebreos que reñían; entonces dijo al que maltrataba al otro: ¿Por qué golpeas a tu prójimo? Y él respondió: ¿Quién te ha puesto a ti por príncipe y juez sobre nosotros? ¿Piensas matarme como mataste al egipcio? Entonces Moisés tuvo miedo, y dijo: Ciertamente esto ha sido descubierto"* (Éx. 2:11-15).

Moisés, un fugitivo en la tierra de Madián: *"Oyendo Faraón acerca de este hecho, procuró matar a Moisés; pero Moisés huyó de delante de Faraón, y habitó en la tierra de Madián"* (Éx. 2:15). En Madián (posiblemente hoy día Arabia Saudita) conoció a Séfora su futura esposa en un pozo, defendiéndola de un grupo de pastores: *"Y estando sentado junto al pozo, siete hijas que tenía el sacerdote de Madián vinieron a sacar agua para llenar las pilas y dar de beber a las ovejas de su padre. Mas los pastores vinieron y las echaron de allí; entonces Moisés se levantó y las defendió, y dio de beber a sus ovejas"* (2:16-21). A la muerte del faraón el pueblo de Israel clamó a Dios, y las Escrituras dicen: *"Y miró Dios a los hijos de Israel, y los reconoció Dios"* (Éx. 2:25).

En *"Horeb, monte de Dios"*, mientras pastoreaba ovejas (Éx. 3:1), el Ángel de Jehová le habló *"en una llama de fuego en medio de una zarza"* (Éx. 3:2). Allí le comisionó con la liberación del pueblo hebreo del cautiverio egipcio (Éx. 3:3-22).

Por medio de una sucesión de señales o plagas, finalmente, en la décima que era la muerte de los primogénitos, el Faraón decidió dejar ir libres a los hebreos (Éx. 11).

A este Moisés respaldó Dios con milagros, dándole al pueblo agua, maná y codornices, le dio los diez mandamientos, lo utilizó para legislar leyes cívicas y ceremoniales para la conducta y la santidad del pueblo.

Ahora el pueblo se enfrentó a la muerte del héroe Moisés. Él murió pero no la Palabra de Dios: *"Aconteció después de la muerte de Moisés, siervo de Jehová, que Jehová habló a Josué hijo de Nun, servidor de Moisés"* (1:1).

Llama la atención que a Moisés se le describe como *"Moisés, siervo de Jehová"*. Llegar a ser reconocido como un *"siervo de Jehová"*,

# "Solamente esfuérzate y sé muy valiente" 41

es un gran privilegio. Moisés se graduó con el diploma de *"siervo de Jehová"*. ¡Qué honor! ¡Qué privilegio! ¡Qué bendición! De Josué leemos: *"Jehová habló a Josué hijo de Nun servidor de Moisés"* (1:2). Él servía al siervo de Jehová y también llegaría a ser *"siervo de Jehová"*.

Es interesante lo que dijo Dios: *"Mi siervo Moisés ha muerto"* (1:2). Hasta Dios tuvo que reconocer la muerte de Moisés. Tenemos que aprender a aceptar cuando un líder ha muerto.

Pero Dios le deja saber a Josué que la visión de Moisés sería adoptada por él: *"ahora, pues, levántate y pasa este Jordán, tú y todo este pueblo, a la tierra que yo les doy a los hijos de Israel"* (1:2). Con esas palabras Dios transfirió a Josué la visión de Moisés. Allí Josué tomó el palo, el bastón, el manto del relevo ministerial.

Acto seguido Dios le declara a Josué: *"Yo os he entregado como lo había dicho a Moisés, todo lugar que pisare la planta de vuestro pie"* (1:3). Josué tenía que aprender a moverse según la promesa de Dios. Luego Dios le reveló las fronteras ideales para los hijos de Israel: *"Desde el desierto y el Líbano hasta el gran río Eufrates, toda la tierra de los heteos hasta el gran mar donde se pone el sol, será vuestro territorio"* (1:4).

## II. La seguridad

"Nadie te podrá hacer frente en todos los días de tu vida; como estuve con Moisés, estaré contigo; no te dejaré ni te desampararé" (1:5).

Josué recibe el respaldo de Dios, la seguridad personal, de que el Dios que estuvo al lado de Moisés era el Dios que estaría al lado de él. ¡Nadie derrotaría totalmente al caudillo Josué!

Primero, *"estaré contigo"*. ¡Eso es seguridad! Jesucristo estará con aquel que esté con Dios. Él no puede estar con nadie que no busque estar con Él. Sin la presencia de Dios en nuestras vidas, nada que emprendamos a favor de Él y de su obra se podrá realizar.

Segundo, *"no te dejaré"*. Su presencia nunca abandonaría a Josué. No lo dejaría solo. Lo acompañaría siempre. Lo bendeciría con su presencia. Sin Dios con nosotros la empresa del cielo está sola.

Tercero, *"ni te desampararé"*. Josué recibe la promesa de ser amparado por Dios mismo. Él sería la cobertura espiritual de Josué. ¡Dios no desampara a aquel que llama, lo ampara!

Luego Dios le dice a Josué: *"Esfuérzate y sé valiente"* (1:6). Esta expresión con ligera variantes se repite (1:7; 1:9).

Ese primer *"Esfuérzate y sé valiente"* (1:6) va seguido de la misión que Dios daba a Josué de repartir la tierra de la promesa. Su misión y propósito ya estaban definidos por Dios. Pero para cumplir con este "mandato" de Dios, Josué tenía que poner de su parte y ser temerario.

Ese segundo *"esfuérzate y sé muy valiente"* (1:7) va seguido de una amonestación a cuidarse de cumplir "toda la ley" ordenada por Moisés y a no apartarse de ella si quería ser prosperado en lo que emprendiera.

Ese tercer *"que te esfuerces y seas valiente"* (1:9) va seguido de confianza y ánimo por parte de Dios hacia Josué y la afirmación profética: *"Porque Jehová tu Dios estará contigo en dondequiera que vayas"* (1:9).

En Josué 1:8 leemos: *"Nunca se apartará de tu boca este libro de la ley, sino que de día y de noche meditarás en él, para que guardes y hagas conforme a todo lo que en él está escrito; porque entonces harás prosperar tu camino, y todo te saldrá bien".*

Aquí vemos la imagen de un judío ortodoxo amarrándose las filacterias o correas de cuero con la cajita de la ley alrededor de su brazo y sobre su frente, en las oraciones matutinas y vespertinas, al levantase y al acostarse.

La Palabra de Dios debe ser declarada verbalmente y se debe meditar siempre, cada día, en ella. ¡Se debe orar con la Palabra! ¡Nos debemos auto motivar con la Palabra! ¡Debemos darnos terapia con la Palabra! Presencia de Dios y Palabra de Dios se complementan. No se puede buscar una dejando la otra.

Pero a la Palabra se responde con obediencia y con una conducta determinada por esta. A causa de ella se prospera y por ella todo nos saldrá bien. ¡Somos el pueblo del Libro! La revelación escrita se proclama como revelación oral, cuando se predica y enseña.

### III. La orden

"Y Josué mandó a los oficiales del pueblo,
diciendo: Pasad por en medio del campamento
y mandad al pueblo, diciendo: Preparaos comida,
porque dentro de tres días pasaréis el Jordán para
entrar a poseer la tierra que Jehová vuestro
Dios os da en posesión" (1:10, 11).

Esa conversación con Jehová Dios produce una fuerte motivación en Josué, que lo llenó de ánimo y de fuerzas espirituales. El conquistador dio orden a sus oficiales de preparar al pueblo para cruzar en tres días el Jordán.

## "Solamente esfuérzate y sé muy valiente" 43

La Palabra de Dios mueve a los conquistadores a la acción. Es por la Palabra que un conquistador se ceñirá y animará a otros a cruzar cualquier Jordán de metas y logros.

Josué les recordó a los gaditas, a los rubenitas y a la media tribu de Manasés, que aunque ellos tenían posesión al lado del Jordán donde estaba, les correspondía a los hombres cruzar y ayudar a sus hermanos tribales en la conquista del territorio al otro lado del Jordán: *"También habló Josué a los rubenitas y gaditas y a la media tribu de Manasés, diciendo: Acordaos de la palabra que Moisés, siervo de Jehová, os mandó diciendo: Jehová vuestro Dios os ha dado reposo, y os ha dado esta tierra. Vuestras mujeres, vuestros niños y vuestros ganados quedarán en la tierra que Moisés os ha dado a este lado del Jordán; mas vosotros, todos los valientes y fuertes, pasaréis armados delante de vuestros hermanos, y les ayudaréis, hasta tanto que Jehová haya dado reposo a vuestros hermanos como a vosotros, y que ellos también posean la tierra que Jehová vuestro Dios les da; y después volveréis vosotros a la tierra de vuestra herencia, la cual Moisés siervo de Jehová os ha dado, a este lado del Jordán hacia donde nace el sol; y entraréis en posesión de ella"* (1:12-15).

El espíritu del conquistador contagia a otros que ya han conquistado, para ayudar a los que todavía no han conquistado su visión, sus sueños, sus metas y sus logros. El líder motiva a los subalternos con su ejemplo personal.

Muchos que han alcanzado ya algo en esta vida, no ayudan a otros que también Dios quiere bendecir. ¡Seamos de ayuda a otros! ¡Ayudemos a otros a conquistar! ¡Salgamos de la zona de seguridad y entremos a la zona roja! ¡Dejemos nuestro reposo y unámonos a otros a buscar su reposo!

Los gaditas, los rubenitas y los de Manasés responden con espíritu de obediencia a las demandas de Josué: *"Nosotros haremos todas las cosas que nos has mandado, e iremos adondequiera que nos mandes"* (1:16). Estaban dispuestos a obedecer al sucesor de Moisés. Con él se comprometían en palabras. La palabra del creyente debe ser su credencial. ¡La palabra de muchos creyentes no vale nada! ¡Dan su palabra y luego no la cumplen! ¡No tienen carácter! El Señor Jesucristo dijo: *"Pero sea vuestro hablar: Sí, sí; no, no; porque lo que es más de esto, de mal procede"* (Mt. 5:37). Hombres y mujeres de Dios, ¡déjense conocer por mantener su palabra!

Aquellas tribus estaban dispuestas a obedecer en todo al líder Josué como lo hicieron con Moisés: *"De la manera que obedecimos a Moisés en todas las cosas, así te obedeceremos a ti; solamente que Jehová tu Dios esté contigo, como estuvo con Moisés"* (1:17). Su demanda era ver que Dios respaldaba a Josué, señal de una comunión entre Dios y Josué.

Mientras un hombre y una mujer gocen del respaldo de Dios, nos corresponde a nosotros respaldarlos. Pero aquellos que se alejan de Dios o aquellos con los que Dios ya no trata personalmente, pierden la confianza del pueblo.

Finalmente ellos se imponen juicio sobre sí mismos a causa del espíritu de rebeldía al *"mandamiento y... palabras"* de Josué (1:18). La consecuencia de ser rebeldes a su autoridad espiritual reconocida sería la muerte: *"que muera"*.

Muchos mueren al propósito de Dios, a algún llamado a ser usados por Dios y a ser bendecidos como creyentes, por la rebeldía contra el que Dios ha puesto como líder. La rebeldía espiritual es el mayor pecado en la mayoría de las congregaciones. La rebeldía engendra dos hijos: la insubordinación y la división.

Muchas congregaciones mueren a la visión reservada de Dios para ellas, por haberse dejado enfermar por la epidemia de la rebeldía. La rebeldía fue el primer pecado que ocurrió en el cielo (Is. 14:12-14; Ez. 28:14-19); y el último pecado sobre la tierra será el de rebelión. (Ap. 20:7-10).

El pueblo termina diciéndole a Josué lo que Dios le dijo tres veces: *"solamente que te esfuerces y seas valiente"* (1:18). Cuando Dios repite algo varias veces y otros nos repiten lo que ya Dios nos dijo es porque eso es muy importante para nuestras vidas. ¡Esfuerzo y valentía es lo que todos nosotros necesitamos en nuestras vidas!

## Conclusión

(1) El conquistador debe darse cuenta de que lo que Dios comenzó con otro lo puede terminar con él o con ellos.

(2) El conquistador cuando ha sido llamado por Dios será respaldado, pero debe poner de su parte y atreverse a hacer las cosas para Dios.

(3) El conquistador animado por la Palabra de Dios debe animar a otros a actuar y a comprometerse con la Palabra de Dios.

# "LIBRARÉIS NUESTRAS VIDAS DE LA MUERTE"

"Os ruego pues, ahora, que me juréis por Jehová, que como he hecho misericordia con vosotros, así la haréis vosotros con la casa de mi padre, de lo cual me daréis una señal segura; y que salvaréis la vida a mi padre y a mi madre, a mis hermanos y hermanas, y a todo lo que es suyo; y que libraréis nuestras vidas de la muerte" (Jos. 2:12-13).

## Introducción

Como preparación a la conquista de la Cisjordania, Josué envió desde la Transjordania a dos espías (2:1). El rey de Jericó fue informado de que ellos estaban en la casa en la muralla donde vivía Rahab la ramera y pidió que esta los entregara (2:2-3). Ella les dio protección en el terrado de su casa (2:4-6), y a los enviados del rey les ofreció una información equivocada (2:7).

Después dijo a los espías hebreos cómo los de Jericó habían oído de Jehová y cómo eso los tenía atemorizados (2:8-11). Pero, apelando a la misericordia que ella tuvo con ellos, los hace prometer que tendrían misericordia de ella y de su familia, cuando Jericó fuera conquistada por los hebreos (2:12-13).

Ellos le pidieron no ser delatados, ella los ayudó a bajar por la ventana en el muro con una cuerda (2:14-15); pero no sin antes darle un cordón de grana (rojo) para que ella lo atara en su ventana y en el momento de la conquista toda la familia tendría que estar reunida en su casa sin salir para salvar sus vidas (2:16-21). Después de tres días escondidos en un monte dieron aviso a Josué con una palabra de conquista (2:22).

## I. La protección

"Pero la mujer había tomado a los dos hombres y los había escondido; y dijo: Es verdad que unos hombres vinieron a mí, pero no supe de dónde eran" (2:4).

Josué el conquistador envió *"dos espías secretamente, diciéndoles: Andad, reconoced la tierra, y a Jericó"* (2:1). El conquistador nunca se involucra en ningún plan o proyecto sin antes hacer todas las investigaciones necesarias, asegurándose de que el tiempo para la conquista es el más apropiado.

Muchos fracasos se dan en conquistadores que se mueven ligeros y mueven a otros a empresas para las que no han sido debidamente evaluados. La investigación previa al desarrollo de planes de conquista dejará ver a los conquistadores con qué clase de problemas anticipados se podrán enfrentar y confrontar.

Los espías llegaron a la casa de Rahab la ramera localizada y construida en lo alto del muro de la ciudad de Jericó: *"Entonces ella los hizo descender con una cuerda por la ventana; porque su casa estaba en el muro de la ciudad, y ella vivía en el muro"* (2:15). Personalmente pude comprobar en más de una docena de viajes a Jericó y un sinnúmero de veces a Masada, que los muros se construían tan anchos que una carroza con cuatro caballos podía moverse sobre los mismos.

Ellos llegaron a la casa de la ramera Rahab no para contaminarse con el pecado de ella, sino para no ser descubiertos con facilidad en su misión de espionaje a Jericó. Con ellos se inauguró el *Moshad*, el cuerpo de espionaje de Israel, uno de los más famosos del mundo.

Aquellos que se mueven con espíritu de conquistadores no se dejan afectar por los lugares ni por las circunstancias, cumplen con las tareas delegadas. Se transforman en agentes de Dios.

El rey de Jericó fue informado por sus *"agentes de contra espionaje"*, como deseo llamarlos, de que *"hombres de los hijos de Israel"* habían llegado esa noche a espiar: *"Y fue dado aviso al rey de Jericó, diciendo: He aquí que hombres de los hijos de Israel han venido aquí esta noche para espiar la tierra"* (2:2).

El rey envió a Rahab el mensaje de que entregara a los espías refugiados en su casa: *"Entonces el rey de Jericó envió a decir a Rahab:*

## "Libraréis nuestras vidas de la muerte" 47

*Saca a los hombres que han venido a ti, y han entrado a tu casa; porque han venido para espiar toda la tierra"* (2:3). Los espías estaban en serios aprietos y parece que Rahab también. Leemos: *"Pero la mujer había tomado a los dos hombre y los había escondido"* (2:4). Sin darse cuenta esta mujer de vida alegre, que trabajaba en una de las más antiguas "profesiones" de la inmoralidad, actuó con iniciativa propia y escondió a los "espías" de Dios. Se hizo parte de un propósito divino, una visión de Dios, de una conquista promovida por Dios mismo.

Actuar con iniciativa propia nos puede hacer aliados de Dios. Ella se puso del lado de Dios. ¡Traicionaría a su mundo para alcanzar la misericordia divina! ¡Pongámonos del lado de Dios! Es bueno que Dios nos ayude pero habrá ocasiones en las que nosotros también debemos ayudar a Dios. ¡Sé un aliado de Jesucristo!

Leemos: *"Es verdad que unos hombres vinieron a mí, pero no supe de dónde eran"* (2:4). No negó que ellos vinieron a ella pero miente para protegerlos. En criminología se habla de delitos graves (felonías) y delitos menores; para los segundos por lo general las sentencias son de menos de un año. Pero en teología no hay mentiras "graves" y mentiras "menores"; mentiras negras y mentiras blancas, mentiras capitales y mentiras veniales; sino que "mentiras" son pecado para Dios.

Rahab era pagana y mentir era algo natural para ella, formaba parte de su estilo de vida. Y aunque su mentira ayudó a los espías, de ninguna manera ni Dios, ni la Biblia justifican la mentira como mecanismo de defensa psicológica.

La mentira es pecado, es el acto consciente o inconsciente de decir lo que no es como si fuera; de exagerar alguna verdad, o de actuar creyéndose la persona algo que racionalmente sabe que no lo es.

Luego Rahab añadió: *"Y cuando se iba a cerrar la puerta, siendo ya oscuro, esos hombres se salieron, y no sé a dónde han ido; seguidlos aprisa, y los alcanzaréis"* (2:5). La *"puerta"* aquí se refiere a la principal de la ciudad, da el tiempo como *"siendo ya oscuro"*. Según ella, los espías salieron a la hora de cerrar la puerta; y de avanzar aquellos soldados de Jericó fácilmente los podrían aprehender en el camino.

Sin embargo en el *"terrado"* de su casa ella los escondió *"entre los manojos de lino"* (2:6). Ella estaba arriesgando su vida y la de toda su familia por unos "espías", por gente extraña. En la vida los riesgos pueden demostrar en algún futuro que fueron fructíferos.

El espíritu del conquistador le lleva a tomar riesgos muy personales, a ser temerario ante decisiones que hay que tomar, a arriesgar muchas cosas y aun todo por lograr algo. Los cobardes logran pocas cosas en la vida.

Aquellos soldados se fueron tras los espías hasta "los vados" del Jordán y *tras ellos "la puerta fue cerrada"* (2:7). Jericó ahora se convirtió en una fortaleza donde nadie podía entrar ni salir. ¡Pero cuando el enemigo cierra la puerta, Dios prepara el escape!

## II. La petición

"También habló Josué a los rubenitas y gaditas y a la media tribu de Manasés, diciendo: Acordaos de la palabra que Moisés, siervo de Jehová, os mandó diciendo: Jehová vuestro Dios os ha dado reposo, y os ha dado esta tierra" (2:12-13).

En el terrado Rahab habló con los dos espías de la *"Moshad"* israelita (2:8) y les afirmó: *"Sé que Jehová os ha dado esta tierra"* (2:9). Lo que Dios quiere hacer con los conquistadores se lo revela aún a los inconversos. El corazón del conquistador se descubre por doquier.

Ella les aclara: *"porque el temor de vosotros ha caído sobre nosotros, y todos los moradores del país ya han desmayado por causa de vosotros"* (2:9). El temor y el desmayo, o como lee la Nueva Biblia Española *"una ola de terror"* acompañada con *"toda la gente de aquí tiembla"*, habían hecho mella en el ánimo de los habitantes de Jericó.

La derrota comienza en el espíritu del ser humano, muchos temores y miedos llegan a ser realidad. El conquistador por su parte siente en su espíritu la victoria mucho antes de que esta le pueda llegar. Las victorias deben ser saboreadas.

El testimonio de que Dios secó las aguas del Mar Rojo y la derrota por los israelitas de los reyes Sehón y Og, reyes amorreos (2:10), era un contundente y fuerte testimonio del poder y la presencia de Dios con su pueblo. Lo que Dios hace con los conquistadores llena de temor y desánimo a los enemigos.

Son interesantes estas palabras: *"Oyendo esto, ha desmayado nuestro corazón, ni ha quedado más aliento en hombre alguno por causa de vosotros, porque Jehová vuestro Dios es Dios arriba en los cielos y abajo en la tierra"* (2:11).

¡Qué revelación tan especial! Rahab testificó que los hombres estaban sin corazón y desalentados por causa de la amenaza de guerra de los hijos de Israel. Allí ella declaró que Jehová el Dios de los hebreos es: *"Dios arriba en los cielos y abajo en la tierra"*.

# "Libraréis nuestras vidas de la muerte" 49

Ella testifica: *"porque Jehová vuestro Dios es Dios arriba en los cielos y abajo en la tierra"*. Rahab confesaba que creía en el Dios de los israelitas. La revelación de Dios había llegado a su corazón. Todo lo que ocurrió en el corazón de Rahab fue a causa de haber creído en Dios.

Rahab apeló a los dos espías por misericordia y salvación para ella, su padre, hermanos y hermanas y las familias de estos: *"Os ruego pues, ahora, que me juréis por Jehová, que como he hecho misericordia con vosotros, así la haréis vosotros con la casa de mi padre, de lo cual me daréis una señal segura; y que salvaréis la vida a mi padre y a mi madre, a mis hermanos y hermanas, y a todo lo que es suyo; y que libraréis nuestras vidas de la muerte. Ellos le respondieron: Nuestra vida responderá por la vuestra, si no denunciareis este asunto nuestro; y cuando Jehová nos haya dado la tierra, nosotros haremos contigo misericordia y verdad"* (2:12-14). Ella sembró misericordia y salvación por medio de la protección que le dio a ellos y ahora desea cosechar lo mismo.

Tuvo fe en Dios y ahora busca salvación y misericordia para ella y toda su familia. Buscaremos la salvación nuestra pero también buscaremos ver salvos a nuestra familia: a nuestros padres, hermanos, hermanas y a toda la parentela, cercana o lejana.

Rahab hizo lo que hizo para ver a una familia salva. ¿Qué podemos hacer para ver a nuestros familiares alcanzando misericordia de Dios y salvación de Jesucristo? Con su pacto con los espías, Rahab buscaba la bendición y protección para su familia.

## III. El pacto

"Ellos le respondieron: Nuestra vida responderá por la vuestra, si no denunciareis este asunto nuestro; y cuando Jehová nos haya dado la tierra, nosotros haremos contigo misericordia y verdad" (2:14).

Los espías que todavía corrían peligro de ser delatados y entregados por Rahab, se comprometieron con ella en lo solicitado, siempre y cuando no fueran denunciados. Ellos negociaron, fueron flexibles, prometieron recompensarla, fueron diplomáticos de parte de Dios.

Con fe le dijeron: *"cuando Jehová nos haya dado la tierra, nosotros haremos contigo misericordia y verdad"*. Ellos hablaron con el espíritu de los conquistadores, que confiesa los resultados aun teniendo problemas. Y le afirmaron: *"nosotros haremos contigo misericordia y verdad"*. ¡Cumplirían lo prometido! ¡Serían hombres de palabra!

Leemos: *"Entonces ella los hizo descender con una cuerda por la ventana; porque su casa estaba en el muro de la ciudad y ella vivía en el muro"* (2:15).

¿Una casa construida en un muro? Antiguamente se construían casas dentro de las mismas murallas. En el lugar de los "ojos de agujas" (por donde se arrojaban flechas o saetas), también estaban construidas las casas o cuarteles de los soldados. Rahab *"vivía en el muro"*. Su casa la tenía bien edificada. El creyente en Jesucristo edifica *"sobre la roca"* (Mt. 7:24).

Los dos espías realizaron un gran escape, una aventura de misión imposible, deslizándose en una soga por la muralla de Jericó. Rahab les aconsejó ir al monte y permanecer allí tres días, hasta que los perseguidores regresaran: *"Y les dijo: Marchaos al monte, para que los que fueron tras vosotros no os encuentren; y estad escondidos allí tres días, hasta que los que os siguen hayan vuelto; y después os iréis por vuestro camino"* (2:16).

Antes de escaparse de Jericó los espías le aconsejaron poner un *"cordón de grana"* dado por ellos en la misma ventana por donde fueron ayudados a bajar; y en la casa de Rahab toda su familia se tenía que refugiar en el momento de la invasión: *"He aquí, cuando nosotros entremos en la tierra, tú atarás este cordón de grana a la ventana por la cual nos descolgaste; y reunirás en tu casa a tu padre y a tu madre, a tus hermanos y a toda la familia de tu padre"* (2:18). Ese *"cordón de grana"* nos recuerda la sangre de Jesucristo que es como un *"cordón de grana"* que corre desde el Génesis al Apocalipsis.

Al ver ese *"cordón de grana"* toda la familia de Rahab se ponía bajo la garantía protectora de la misma y mientras se mantuvieran dentro de esa casa con la señal del *"cordón de grana"*, ni espada ni lanza, ni soldados podían entrar allí porque el *"cordón de grana"* los protegía.

El creyente debe ponerse él mismo y toda su familia bajo la señal de la *"sangre de Jesucristo"* (Ef. 2:13; 1 P. 1:2; 1:19; 1 Jn. 1:7; Ap. 1:5; 7:14; 12:11).

Leemos: *"Cualquiera que saliera fuera de las puertas de tu casa, su sangre será sobre su cabeza, y nosotros sin culpa. Mas cualquiera que se estuviere en casa contigo, su sangre será sobre nuestra cabeza, si mano le tocare"* (2:19).

Fuera de la sangre de Jesucristo y alejados de la iglesia, corremos mucho peligro. El enemigo abusa, maltrata, hace daño espiritual y aun físico a aquellos que se salen de la señal de la sangre. ¡Cúbrete con la sangre de Jesucristo! ¡Métete en el pacto de la sangre!

A Rahab le recuerdan que cumpla con la parte del pacto, si los denunciaba el juramento se invalidaba (2:20). Pero ella les afirmó:

# "Libraréis nuestras vidas de la muerte"

"*Sea así como habéis dicho*" (2:21). E inmediatamente puso atada en la ventana "*la cinta roja*" (NBE). En esa "*cinta roja*" estaba su salvación y la de los suyos, por "*la cinta roja*" de la sangre Jesucristo hemos alcanzado misericordia y salvación.

Al llegar al monte, se escondieron tres días sin ser hallados por los perseguidores: "*Y caminando ellos, llegaron al monte y estuvieron allí tres días, hasta que volvieron los que los perseguían; y los que los persiguieron buscaron por todo el camino, pero no los hallaron*" (2:22). Aquellos que tienen espíritu de conquistadores hacen caso de los consejos.

Luego llegaron a Josué "*y le contaron todas las cosas que les habían acontecido*" (2:23). Dieron un reporte completo de su misión. ¡Cumplieron con la asignación delegada! El conquistador depende de otros que sean sus ojos y sus oídos, que vean por él y oigan por él.

A Josué le pusieron una inyección de fe mezclada con motivación y entusiasmo: "*El Señor nos entrega todo el país. Toda la gente tiembla ante nosotros*" (NBE). El conquistador tiene que rodearse de allegados positivos, de personas que vean más los resultados que los problemas, que alienten al conquistador a conquistar.

## Conclusión

(1) El conquistador debe hacer planes antes de emprender alguna conquista.

(2) El conquistador debe escuchar a otros y cumplir la palabra que les dan.

(3) El conquistador hará caso de los consejos que reciba.

# "ESTE DÍA COMENZARÉ A ENGRANDECERTE"

"Entonces Jehová dijo a Josué: Desde este día comenzaré a engrandecerte delante de los ojos de todo Israel, para que entiendan que como estuve con Moisés, así estaré contigo" (Jos. 3:7).

## Introducción

Una vez recibido el mensaje de los espías, Josué con los hijos de Israel se movió al Jordán y allí esperaron tres días (3:1-2). Al tercer día Josué ordenó al pueblo que marchara detrás de los sacerdotes que llevaban *"el arca del pacto"* (3:3-8), lo cual sería una señal de la victoria (3:9-10). Doce representantes de las tribus seguirían a los sacerdotes (3:11-12). Al poner los pies en el agua, el río que fluía se detendría y los sacerdotes se pararían en medio del río hasta que todo el pueblo pasara (3:13-17).

## I. La orden

"y mandaron al pueblo, diciendo: Cuando veáis el arca del pacto de Jehová vuestro Dios, y los levitas sacerdotes que la llevan, vosotros saldréis de vuestro lugar y marcharéis en pos de ella" (3:3).

Josué con los hijos de Israel se movieron al Jordán: *"y reposaron allí antes de pasarlo"* (3:1). El conquistador sabe que el reposo es importante antes de emprender alguna misión especial. Cuando reposamos reflexionamos, analizamos, planificamos y tomamos soluciones correctas.

Al pueblo se le instruyó a mirar *"el arca del pacto"* (3:3). La mirada de los conquistadores debe enfocarse siempre en buscar con fe su presencia. Leemos: *"vosotros saldréis de vuestro lugar y marcharéis en pos de ella"* (3:3). Tenían que seguir al *"arca del pacto"*, *"el arca de la alianza"* (aquella caja de madera de acacia, cubierta con oro, conteniendo las dos tablas de la ley, un pedazo de maná y la vara de Aarón). La presencia de Dios debe ser guía y dirigir a su pueblo.

¡No podemos andar, no podemos marchar, no podemos movernos si su presencia no va delante de nosotros! Hoy día, el arca del pacto, hablando espiritualmente, está en nuestros corazones.

La razón de seguir *"el arca del pacto"* era *"a fin de que sepáis el camino por donde habéis de ir; por cuanto vosotros no habéis pasado antes de ahora por este camino. Pero entre vosotros y ella haya distancia como de dos mil codos; no os acercaréis a ella"* (3:4).

Josué y el pueblo dependían de que la presencia de Dios los guiara por el camino correcto. Los conquistadores muchas veces emprenderán proyectos, metas, caminos desconocidos para ellos y dependerán absoluta y totalmente de la dirección de Dios. No podemos cruzar el Jordán hacia la conquista y el éxito si la presencia de Dios no va delante de nosotros. A Dios hemos de ponerlo en primer lugar y ponernos nosotros en segundo lugar.

Entre el pueblo y el arca había una distancia de *"dos mil codos"*, mil metros o tres mil pies (3:4). Tenían que ver el arca, marchar detrás, pero mantener una distancia determinada. Dios nos pide muchas veces que guardemos una distancia entre su santidad y nuestra humanidad. Muchos se familiarizan tanto con Dios que olvidan quién es Dios y quiénes son ellos.

Leemos: *"Y Josué dijo al pueblo: Santificaos, porque Jehová hará mañana maravillas entre vosotros"* (3:5).

Un Dios santo exige santidad en sus hijos. Los hijos de Israel tenían que santificarse para seguir a un Dios santo. Sin santidad los conquistadores no podrán seguir a Dios. La presencia de Dios es santa y atrae tras de sí a personas santas. En Hebreos 12:14 las Escrituras dicen: *"Seguid la paz con todos, y la santidad, sin la cual nadie verá al Señor"*. ¡Queremos ver milagros como conquistadores, busquemos vivir en santidad! ¡Vivamos separados de todos esos malos hábitos que buscan alejarnos de Dios! La santidad nos hace rechazar cualquier conducta pecaminosa.

Josué ordenó a los sacerdotes pasar delante del pueblo con *"el arca del pacto"* (3:6). Los líderes tienen que andar primero en la marcha de la santidad, tienen que ser ejemplo con la presencia de

## "Este día comenzaré a engrandecerte" 55

Dios en sus vidas. El pueblo seguirá a los líderes y a un sacerdocio que sepa marchar con Dios.

## II. La afirmación

"Entonces Jehová dijo a Josué: Desde este día comenzaré a engrandecerte delante de los ojos de todo Israel, para que entiendan que como estuve con Moisés, así estaré contigo" (3:7).

Ese día Josué recibió la licencia de guiar al pueblo. Dios volvió a hablar a Josué, el continuador de Moisés, al que conquistaría las ciudades, estados de la Cisjordania, el que dirigiría a un pueblo seminómada a una vida sedentaria, el líder de las transiciones. Dios le declaró: *"Desde este día comenzaré a engrandecerte delante de los ojos de todo Israel"*. Ese era el día que el conquistador estaba esperando. El día de romper la cinta. A todo conquistador le llegará ese *"día"* tan esperado y por el que tanto se ha orado.

En ese *"día"* Dios afirmaría y demostraría que estaba con Josué como conquistador. Dios da testimonio de que está con los conquistadores. ¡Él los confirma! ¡Él los respalda! ¡Él los promociona! ¡Él les hace relaciones públicas!

El conquistador no busca grandezas, no busca hacerse grande, deja que sea el Señor Jesucristo que lo haga crecer. ¡Solo Dios debe hacernos crecer en su propósito y en su voluntad!

Muchos creyentes fracasan porque luchan por producir un crecimiento que no es natural en el plan de Dios. En ese afán de crecer se hacen daño ellos y hacen daño a otros. El crecimiento del conquistador debe estar de acuerdo con la voluntad de Dios.

El pueblo debe ver que Dios es el que engrandece a un conquistador: *"comenzaré a engrandecerte delante de los ojos de todo Israel"*. Ellos, el pueblo, la gente, los que son ministrados darán testimonio de cómo Dios hace crecer a un conquistador.

Luego Dios le aclara: *"para que entiendan que como estuve con Moisés, así estaré contigo"*. Ese *"día"* sería la graduación de Josué, y como conquistador asumiría responsabilidades personales. Pero el pueblo entendería que Josué el conquistador no estaría solo, el Dios de Moisés estaría como el Dios de Josué.

El secreto del éxito de Moisés fue la presencia de Dios; el secreto de las conquistas de Josué sería la presencia de Dios. Los conquistadores viven sumergidos e inmersos en la presencia de Dios. ¡Sin la presencia de Dios tenemos ausencia de su poder!

## III. El milagro

"las aguas que venían de arriba se detuvieron como en un montón bien lejos de la ciudad de Adam, que está al lado de Saretán, y las que descendían al mar del Arabá, al Mar Salado, se acabaron, y fueron divididas; y el pueblo pasó en dirección de Jericó" (3:16).

Dios dijo a Josué que ordenara a los sacerdotes pararse en medio del Jordán: *"Tú, pues, mandarás a los sacerdotes que llevan el arca del pacto, diciendo: Cuando hayáis entrado hasta el borde del agua del Jordán, pararéis en el Jordán"* (3:8). Todos tenían que obedecer las órdenes dadas por Josué, sobre él reposaba la investidura de la autoridad espiritual.

Josué dijo al pueblo: *"Acercaos, y escuchad las palabras de Jehová vuestro Dios"* (3:9). El conquistador reconoce el lugar de la Palabra de Dios en las vidas de otros. El lugar de la Palabra de Dios no lo puede llenar la mística, no lo puede sustituir las emociones y no lo puede reemplazar las experiencias. La presencia de Dios y su Palabra son las que cambian a las personas.

A los hijos de Israel, Josué les habló de lo que Dios haría con las ciudades, estados cananeos o de la Cisjordania: *"Y añadió Josué: En esto conoceréis que el Dios viviente está en medio de vosotros, y que él echará de delante de vosotros al cananeo, al heteo, al heveo, al ferezeo, al gergeseo, al amorreo y al jebuseo"* (3:10). Y les dio una lista étnica: *"al cananeo, al heteo, al heveo, al ferezeo, al gergeseo, al amorreo y al jebuseo"* (3:10). La conquista final de estos grupos étnicos tomó siglos y fue en los días de David que los jebuseos fueron totalmente sometidos y su capital se convirtió en Jerusalén, capital del reino de Judá y actual capital del Estado de Israel. La visión para los conquistadores puede cumplirse en etapas y aun para generaciones futuras.

Josué dijo al pueblo: *"He aquí, el arca del pacto del Señor de toda la tierra pasará delante de vosotros en medio del Jordán"* (3:11). Ellos no podían olvidar que a Dios se le da el primer lugar en la vida como creyentes, en la familia, en el culto y en el pueblo. ¡Dios es siempre primero! Cuando se le pone en segundo lugar, tenemos problemas espirituales muy serios. ¡Dejemos que su presencia vaya delante de nosotros!

También les dijo: *"Tomad, pues, ahora doce hombres de las tribus de Israel, uno de cada tribu"* (3:12). Del Jordán cada uno tomaría

## "Este día comenzaré a engrandecerte"

una piedra, para con ellas hacer un monumento que recordara este suceso a las generaciones futuras (4:2-8). Los conquistadores dejarán señales para las generaciones del mañana.

Dijo Josué que cuando las plantas de los pies de los sacerdotes se pusieran en las aguas del Jordán, que estaba crecido por ser el tiempo de la cosecha la corriente que venía de arriba, se detendría: *"Y cuando las plantas de los pies de los sacerdotes que llevan el arca de Jehová, Señor de toda la tierra, se asienten en las aguas del Jordán, las aguas del Jordán se dividirán; porque las aguas que vienen de arriba se detendrán en un montón. Y aconteció cuando partió el pueblo de sus tiendas para pasar el Jordán, con los sacerdotes delante del pueblo llevando el arca del pacto"* (3:13-14).

En los últimos siglos en el río Jordán se experimentaron derrumbes de tierra en el valle del Jordán que represaron sus aguas. Un derrumbe de 12 metros de terreno en el Jordán para el año 1927, impidió al río fluir por unas 21 horas.

Sea como sea que Dios lo haya hecho, las aguas crecidas del Jordán se detuvieron para que los hijos de Israel pasaran en seco mientras los sacerdotes con el arca del pacto permanecían en medio del mismo.

El pueblo cruzó con Moisés cuarenta años atrás el Mar Rojo y ahora con Josué cruzarían el río Jordán; representando ambos el bautismo cristiano. Los hijos de Israel cruzaron muy cerca de donde la tradición ubica el bautismo de Jesús, hoy día en Jordania. Quien esto escribe tuvo la oportunidad de visitar el lugar en Jordania, y celebrar una ceremonia de bautismos en agua; también donde la tradición señala que Josué cruzó con el pueblo hebreo, y donde Elías cruzó antes de ascender al cielo, así como en una colina cerca de allí que conmemora este evento; y donde Juan el Bautista bautizaba a muchos y, entre ellos, a Jesús de Nazaret.

Leemos: *"Mas los sacerdotes que llevaban el arca del pacto de Jehová, estuvieron en seco, firmes en medio del Jordán, hasta que todo el pueblo hubo acabado de pasar el Jordán; y todo Israel pasó en seco"* (3:17).

Los sacerdotes *"estuvieron en seco, firmes en medio del Jordán".* El grupo de sacerdotes con el arca se mantuvieron firmes y en seco, en medio del río Jordán esperando hasta que el último israelita pasó. Firmeza en las posiciones es lo que Dios espera de sus líderes. Muchos dejan su puesto sin haber sido instruidos por el Señor Jesucristo. ¡No abandones el lugar donde Dios te ha puesto! ¡Mantente firme!

## Conclusión

(1) Los conquistadores buscarán dirigirse por la presencia de Dios.

(2) Los conquistadores reconocen que quien los hará crecer será Dios y no ellos procurando su propio crecimiento.

(3) Los conquistadores recordarán a otros lo que Dios hizo con su generación.

# "¿QUÉ SIGNIFICAN ESTAS PIEDRAS?"

"Y les dijo Josué: Pasad delante del arca de Jehová vuestro Dios a la mitad del Jordán, y cada uno de vosotros tome una piedra sobre su hombro, conforme al número de las tribus de los hijos de Israel, para que esto sea señal entre vosotros; y cuando vuestros hijos preguntaren a sus padres mañana, diciendo: ¿Qué significan estas piedras? les responderéis: Que las aguas del Jordán fueron divididas delante del arca del pacto de Jehová; cuando ella pasó el Jordán, las aguas del Jordán se dividieron; y estas piedras servirán de monumento conmemorativo a los hijos de Israel para siempre" (Jos. 4:5-7).

## Introducción

Doce hombres de las tribus de Israel tomaron de en medio del Jordán doce piedras que llevarían hasta Gilgal en el otro lado del río, como señal y monumento de que Jehová había abierto las aguas del Jordán (4:1-8). En medio del río también Josué levantó doce piedras en el lugar donde estuvieron los pies de los sacerdotes (4:9).

Los sacerdotes y el pueblo obedecieron a Josué (4:10-11). La tribu de Rubén, de Gad y la mitad de la tribu de Manasés pasaron con sus soldados armados, aunque ya tenía posesión en la Transjordania (4:12). Un total de cuarenta mil hombres para la guerra llegaron a la llanura de Jericó (4:13). Ese día Josué fue engrandecido por Dios y respetado por el pueblo, llevando las sandalias de Moisés (4:14).

Una vez que los sacerdotes con el arca obedecieron la voz de Josué y subieron del Jordán, las aguas volvieron a correr (4:15-18). Al lado oriental de Jericó estaba Gilgal (4:19), y allí se levantó el monumento recordatorio de este cruce del Jordán con las doce piedras (4:20-24).

## I. La orden

"Y les dijo Josué: Pasad delante del arca de Jehová vuestro Dios a la mitad del Jordán, y cada uno de vosotros tome una piedra sobre su hombro, conforme al número de las tribus de los hijos de Israel" (4:5).

Antes de que Josué cruzara el Jordán, Dios le habló y le dio instrucciones: *"Desde este día comenzaré a engrandecerte delante de los ojos de todo Israel, para que entiendan que como estuve con Moisés, así estaré contigo. Tú, pues, mandarás a los sacerdotes que llevan el arca del pacto, diciendo: Cuando hayáis entrado hasta el borde del agua del Jordán, pararéis en el Jordán"* (3:7-8).

Al cruzar el Jordán, Dios le habló nuevamente y le aclaró las instrucciones ya dadas: *"Y cuando las plantas de los pies de los sacerdotes que llevan el arca de Jehová, Señor de toda la tierra, se asienten en las aguas del Jordán, las aguas del Jordán se dividirán; porque las aguas que vienen de arriba se detendrán en un montón"* (3:13).

De en medio del Jordán, los doce representantes de las tribus tomarían doce piedras del lugar donde los sacerdotes se habían parado con el arca de Dios, mientras el pueblo cruzaba. Y las levantarían en el lugar donde pernoctarían o pasarían la noche: *"y mandadles, diciendo: Tomad de aquí de en medio del Jordán, del lugar donde están firmes los pies de los sacerdotes, doce piedras, las cuales pasaréis con vosotros, y levantadlas en el lugar donde habéis de pasar la noche. Entonces Josué llamó a los doce hombres a los cuales él había designado de entre los hijos de Israel, uno de cada tribu. Y les dijo Josué: Pasad delante del arca de Jehová vuestro Dios a la mitad del Jordán, y cada uno de vosotros tome una piedra sobre su hombro, conforme al número de las tribus de los hijos de Israel"* (4:3-5).

El arca de Dios estaba sostenida en medio del río Jordán, mientras *"como cuarenta mil hombres armados"*, cruzaban (4:13), y cientos de miles los acompañaban. La presencia de Dios tiene que estar en medio de todo en la vida del creyente. En medio de los problemas, de las dificultades, de las circunstancias, de las luchas, de las oposiciones, hemos de tener el arca de Dios, su presencia, su poder y la persona de Jesucristo con la manifestación del Espíritu Santo. El arca de Dios se llevaba sobre los hombros, pero cada hombre de los doce llevaría una piedra "*sobre sus hombros*" (4:5). Tenían que sentir el peso de las piedras, cargarla todos de la misma manera. No se podían hacer cambios, sino seguir el formato de Dios. Los conquistadores aunque son agentes de cambios, cambiadores de esquemas, aprenden a cargar las cosas de Dios como éste lo ha ordenado. Si Él dice: "*sobre sus hombros*" no podemos cambiarlo a "sobre la cabeza".

En la iglesia necesitamos líderes o subalternos que sientan el peso del trabajo pastoral, que puedan echarse sobre los hombros muchas de las pesadas cargas. Los pastores necesitan ser ayudados en sus tareas.

Ellos representaban a cada tribu, no se representaban a sí mismos. Aunque el relato bíblico no lo aclara, Jesús llevó sobre sus hombros el madero (*stauros*) para ser crucificado (Mt. 27:31-32; Mr. 15:20, 21; Lc. 23:26). Al que se ve llevando el madero o travesaño es a Simón de Cirene, pero la tradición y práctica era que el sentenciado a la pena de la cruz tenía que llevar su propio travesaño y en este caso, por su agotamiento físico después de haber cargado el mismo, Simón de Cirene le ayudó.

Jesucristo llevó sobre sus hombros espiritualmente hablando el pecado de toda la humanidad, tus pecados y mis pecados. En Isaías 53:5 leemos: "*Mas él herido fue por nuestras rebeliones, molido por nuestros pecados, el castigo de nuestra paz fue sobre él y por sus llagas fuimos nosotros curados. Todos nosotros nos descarriamos como ovejas, cada cual se apartó por su camino; más Jehová cargó en él el pecado de todos nosotros*".

## II. La señal

"Para que esto sea señal entre vosotros; y cuando vuestros hijos preguntaren a sus padres mañana, diciendo: ¿Qué significan estas piedras?" (4:6).

Dios siempre ha dado señales de su poder y de su liberación al pueblo de Dios. Las "*doce piedras*" tomadas del río, llevadas en hombros y puestas en Gilgal como monumento conmemorativo, recordaría a esa generación y a generaciones venideras el milagro de Dios al dividir el río Jordán para que los hijos de Israel pasaran en seco: "*Y les dijo Josué: Pasad delante del arca de Jehová vuestro Dios a la mitad del Jordán, y cada uno de vosotros tome una piedra sobre su hombro, conforme al número de las tribus de los hijos de Israel, para que esto sea señal entre vosotros; y cuando vuestros hijos preguntaren a sus padres mañana, diciendo: ¿Qué significan estas piedras? les responderéis: Que las aguas del Jordán fueron divididas delante del arca del pacto de Jehová; cuando ella pasó el Jordán, las aguas del Jordán se dividieron; y estas piedras servirán de monumento conmemorativo a los hijos de Israel para siempre"* (4:5-7).

En Lucas 19:40 leemos: *"Él, respondiendo, les dijo: Os digo que si éstos callaran, las piedras clamarían"*. En Habacuc 2:11, las Escrituras dicen: *"Porque la piedra clamará desde el muro, y la tabla del enmaderado le responderá"*.

Hoy día, antiguas piedras de construcciones o asentamientos de pueblos antiguos claman contando una historia del pasado según son descubiertos por el pico y la pala de los arqueólogos. En Israel, Jordania, Egipto, Turquía, Grecia, Roma (lugares donde he estado muchísimas veces), los hallazgos arqueológicos con sus piedras centenarias y milenarias son señales de Dios y nos recuerdan la historia de los hijos de Israel y de los primeros cristianos o judeocristianos, gentiles cristianos y cristianos posteriores.

El *Calvario de Gordón* cerca de la puerta de Damasco y la *Tumba Vacía* son piedras que señalan la crucifixión y la resurrección de Jesús el Mesías; una enorme piedra en el Getsemaní nos recuerda la agonía y arresto de Jesucristo en aquel lugar. La tumba de piedras en Betania nos recuerda la resurrección de Lázaro. Las bases de piedras volcánicas y negras en la antigua *Sinagoga de Capernaum* nos dan la señal de que allí estuvo Jesús el Nazareno. Y así podría continuar contando historias de piedras que son señales de relatos bíblicos.

Leemos: *"para que esto sea señal entre vosotros; y cuando vuestros hijos preguntaren a sus padres mañana, diciendo: ¿Qué significan estas piedras?"* (4:6).

Aquí se presenta un modelo didáctico empleado por los antiguos, el de pregunta y respuesta. Los padres son responsables de enseñar a sus hijos e instruirles en el conocimiento de Dios. El judío ha tenido mucho éxito en la educación religiosa en el hogar, porque hablan con los hijos sobre temas bíblicos y espirituales.

¿Qué preguntan nuestros hijos acerca de Dios y de las Sagradas Escrituras, y qué les respondemos nosotros? ¿Qué significados espirituales encontramos en muchos objetos del templo, como la mesa de la Cena del Señor, el púlpito, el altar, los instrumentos musicales, las ceremonias, las predicaciones la lectura de la Biblia en la liturgia, las oraciones, la cruz vacía, el monograma de

## "¿Qué significan estas piedras?" 63

Jesucristo, el bautismo en agua, las festividades religiosas? ¿Qué significan estas piedras para nosotros y qué historia podemos contar a nuestros hijos?

### III. La obediencia

"Y los hijos de Israel lo hicieron así como Josué les mandó: tomaron doce piedras de en medio del Jordán, como Jehová lo había dicho a Josué, conforme al número de las tribus de los hijos de Israel, y las pasaron al lugar donde acamparon, y las levantaron allí" (4:8).

A muchos Dios les ordena ir a un lugar y van a otro, a hacer algo en un lugar y se van a otro lugar; pero los cargadores de las doce piedras *"las levantaron allí"*, donde Dios a través de Josué les señaló. ¡Esto es obediencia total! ¡Ordenes cumplidas en su totalidad! Tenemos que cumplir con el *"allí"* de Dios. Ese *"allí"* puede ser un lugar; ese *"allí"* puede ser un ministerio; ese *"allí"* puede ser un país; ese *"allí"* puede ser una misión; ese *"allí"* puede ser ayudando a otro ministerio; ese *"allí"* puede ser un tiempo de espera. Si es *"allí"* no es *"acá"*. Muchos fracasos en los creyentes ocurren porque se han desubicado en el *"allí"* de Dios.

Pero otros en vez de moverse al *"allí"* se van al *"allá"*. El *"allí"* nos pone en el centro de la voluntad de Dios. El *"acá"* nos atrasa, el *"allá"* nos adelanta y el *"allí"* nos pone donde Dios ordena.

En el levantamiento de las piedras, unas como monumento en Gilgal y las otras como monumento en el río Jordán, que cuando la corriente del mismo disminuía se podía ver el mismo, se presenta un elemento cúltico del pueblo hebreo; el otro elemento es el de la circuncisión (5:2-9) y el de la Pascua (5:10-12), que inauguran su llegada a la Tierra Prometida.

Hasta el día de hoy en el Estado de Israel, en la necrópolis judía en el Monte de los Olivos, los judíos cuando visitan las tumbas de sus seres queridos y amigos depositan piedras sobre las tumbas en memoria de los fallecidos, práctica antiquísima de gente del desierto, donde las piedras sustituyen las flores (soy testigo de esto en mis muchos viajes a Israel) y las ponen también en los monumentos patrios o nacionales.

Los versículos subsiguientes 8 al 9 son casi una repetición con ligeras variantes de los anteriores. Cuando Dios repite lo mismo es porque para Él y para el que cree en Él son importantes. A eso se deben tantas repeticiones bíblicas.

Los Evangelios sinópticos son parecidos y comparten las mismas tradiciones aún frescas en los evangelistas que eran de esa primera generación como Mateo, Lucas y Juan. Aunque Juan no escribe al estilo sinóptico fue también uno de los historiadores.

Las autoridades bíblicas responsabilizan a Marcos de haber escrito el primer Evangelio que lleva su nombre y que recogió las tradiciones, los otros dos Evangelios de Mateo y Lucas, y una fuente llamada "Q" parece que también fue utilizada por Marcos y aun por los otros evangelistas, y cada uno tenía un grupo de lectores específicos. El Evangelio de Juan enfatiza más la deidad de Jesucristo y sus discursos.

Leemos: *"Josué también levantó doce piedras en medio del Jordán en el lugar donde estuvieron los pies de los sacerdotes que llevaban el arca del pacto, y ha estado allí hasta hoy"* (4:9).

Hubo dos ceremonias de piedras en el Jordán, en la primera doce hombres tomaron de la mitad del río doce piedras y en Gilgal las levantaron; (4:8) en la segunda parece que fue Josué el que levantó doce piedras donde estuvieron los pies de los sacerdotes (4:9). El número veinticuatro, el rey David lo asoció con el culto a Dios, al igual que Juan el escritor de Apocalipsis: *"Y alrededor del trono había veinticuatro tronos; y vi sentados en los tronos a veinticuatro ancianos, vestidos de ropas blancas, con coronas de oro en sus cabezas. Y del trono salían relámpagos y truenos y voces; y delante del trono ardían siete lámparas de fuego, las cuales son los siete espíritus de Dios. Y delante del trono había como un mar de vidrio semejante al cristal; y junto al trono, y alrededor del trono, cuatro seres vivientes llenos de ojos delante y detrás. El primer ser viviente era semejante a un león; el segundo era semejante a un becerro; el tercero tenía rostro como de hombre; y el cuarto era semejante a un águila volando. Y los cuatro seres vivientes tenían cada uno seis alas, y alrededor y por dentro estaban llenos de ojos; y no cesaban día y noche de decir: Santo, santo, santo es el Señor Dios Todopoderoso, el que era, el que es, y el que ha de venir. Y siempre que aquellos seres vivientes dan gloria y honra y acción de gracias al que está sentado en el trono, al que vive por los siglos de los siglos"* (Ap. 4:4-9).

Josué quiso conmemorar el lugar donde se detuvo el arca del pacto con los sacerdotes levantando doce piedras. El autor del libro de Josué, que hizo una compilación de las tradiciones primitivas hebreas, añade la nota: *"y han estado allí hasta hoy"* (4:9). Algún montículo de piedras en medio del río se asoció con el evento del crucé del río Jordán.

Jesucristo también desea que muchas tradiciones se mantengan siempre en la iglesia, somos tradicionales, aunque no tradicionalistas, guardamos tradiciones cristianas pero no las exageramos.

## "¿Qué significan estas piedras?"

Leemos: *"Y cuando todo el pueblo acabó de pasar, también pasó el arca de Jehová y los sacerdotes, en presencia del pueblo"* (4:11).

La presencia de Dios de manera simbolizada por el arca del pacto y los sacerdotes representantes de Dios, pasaron cuando todo el pueblo pasó. La presencia de Dios estuvo delante de ellos y detrás de ellos, Dios abre camino a su pueblo y respalda a su pueblo. Los hombres de guerra de las tribus de la Transjordania y los del resto de las tribus, unos cuarenta mil, se armaron para la guerra:

*"También los hijos de Rubén y los hijos de Gad y la media tribu de Manasés pasaron armados delante de los hijos de Israel, según Moisés les había dicho; como cuarenta mil hombres armados, listos para la guerra, pasaron hacia la llanura de Jericó delante de Jehová"* (4:12-13).

Leemos: *"listos para la guerra"* (4:13). Antes de la guerra el soldado se prepara. La guerra no debe tomar por sorpresa a ningún soldado. Los creyentes tienen que estar siempre *"listos"* para la guerra espiritual, *"listos"* para marchar contra las fortalezas del enemigo, *"listos"* en oración, ayuno, lectura de la Palabra, llenos del poder del Espíritu Santo.

Leemos: *"En aquel día Jehová engrandeció a Josué a los ojos de todo Israel; y le temieron, como habían temido a Moisés, todos los días de su vida"* (4:14).

Esa proeza extraordinaria, ese milagro espectacular, esa acción divina, esa providencia divina manifestada, hizo que Josué ganase el mismo respeto que Moisés ganó de su pueblo. Ellos tuvieron una revelación del corazón del conquistador y respetaron su investidura. Las investiduras espirituales se respetan, porque detrás de las mismas está el respaldo divino.

Tan pronto los sacerdotes salieron del río Jordán: *"las aguas se volvieron a su lugar, corriendo como antes sobre todos sus bordes"* (4:18). Si algún derrumbe de tierra en los lados del valle del Jordán produjo algún dique natural o represó el agua, el mismo se movió. Muchos milagros de Dios pueden ocurrir con alteraciones a las leyes naturales, pero eso no quita que son milagros para la persona o personas necesitadas.

Los versículos 1 al 24 son repetición informativa y nos dicen que en Gilgal, Josué erigió el monumento de doce piedras como conmemoración a ese día milagroso. Para las generaciones postreras serían señales de lo que Jehová Dios hizo con aquel pueblo.

Moisés con el secamiento del Mar Rojo, Josué con el secamiento del río Jordán, aunque el segundo milagro se veía mayor que el primero, en ambos el poder de Dios fue la causa del milagro. ¡Un milagro es un milagro!

Termina esta historia así: *"para que todos los pueblos de la tierra conozcan que la mano de Jehová es poderosa; para que temáis a Jehová vuestro Dios todos los días"* (4:24).

Este milagro era para demostrar al mundo cuán grande es Dios y para que su pueblo le tuviera temor reverencial. El milagro debe comprometer y acercar más al creyente a Dios. Los milagros no son espectáculo masivo, actos de entretenimiento religioso, programas de *"Aunque usted no lo crea"*, *"Ocurrió así"*, o *"Al rojo vivo"*. Nos deben comprometer con Dios *"todos los días"*. El milagro de ayer me recuerda lo que Dios puede hacer hoy y puede hacer mañana.

## Conclusión

(1) Los conquistadores aprenden a llevar cargas.

(2) Los conquistadores dejan señales a las próximas generaciones.

(3) Los conquistadores buscan el *"allí"* de Dios.

# "Y CIRCUNCIDÓ A LOS HIJOS DE ISRAEL"

"Y Josué se hizo cuchillos afilados, y circuncidó a los hijos de Israel en el collado de Aralot" (Jos.5:3).

## Introducción

Los reyes amorreos de la Cisjordania se impresionaron ante el avance del ejército de Israel, a causa del secado del río Jordán (5:1).

Jehová Dios instruyó a Josué para que los varones de Israel fueran circuncidados por *"segunda vez"* (5:2); lo cual hizo Josué *"en el collado de Aralot"* (5:2). La generación salida de Egipto hacía cuarenta años, por razones hipotéticas, desconocidas dentro del contexto bíblico, había dejado la práctica de la circuncisión (5:4-6). A los varones nacidos en el desierto se les circuncidó (5:7-8). Donde fueron circuncidados se quedaron allí hasta sanar y al lugar se le llamó *"Gilgal"* (5:9). Allí en Gilgal *"celebraron la pascua"* el día catorce del mes y participaron *"del fruto de la tierra, los panes sin levadura, y en el mismo día espigas nuevas tostadas"* (5:10-11), y el milagro del *"maná"* cesó al otro día (5:12).

## I. La impresión

"Cuando todos los reyes de los amorreos que estaban al otro lado del Jordán al occidente, y todos los reyes de los cananeos que estaban cerca del mar, oyeron cómo Jehová había secado las aguas del Jordán delante de los hijos de Israel hasta que hubieron pasado, desfalleció su corazón, y no hubo más aliento en ellos delante de los hijos de Israel" (5:1).

Ante el avance de personas con espíritu de conquistador, el corazón de muchos desfallece y el aliento de ellos se les va. Los conquistadores son descubiertos y detectados en sus marchas y paradas. Es muy difícil ignorar el progreso de los mismos. ¡Parecen destinados a la conquista! ¡En ellos se descubre algo que los revela como personas conquistadoras, triunfadoras, exitosas, realizadas, determinadas, dedicadas, esforzadas, arrolladoras!

Los reyes amorreos y cananeos *"oyeron cómo Jehová había secado las aguas del Jordán delante de los hijos de Israel hasta que hubieron pasado"* (5:1). Estos reyes representan los fracasos de la vida, la falta de oportunidades, los obstáculos humanos, los complejos de inferioridad, la falta de autoestima, el desprecio emocional, el abuso sentimental, las críticas paralizadoras y todas las montañas de imposibles que se levantan ante aquellos que quieren conquistar algo en el nombre de Dios.

A estos reyes les llegó la noticia del milagro que Dios hizo a favor de los hijos de Israel. Si el Señor Jesucristo tiene que secar algún río Jordán para abrir paso de manera milagrosa a los futuros conquistadores lo hará. Muchos oirán de los milagros que Dios ha comenzado a hacer contigo previamente a tus conquistas.

Leemos: *"desfalleció su corazón"*. El corazón, como figura de la voluntad y el ánimo, se les derritió, hablando emocionalmente, a los reyes amorreos y cananeos. Ante la avanzada de los hijos de Israel la seguridad en sus ciudades fortificadas no les daba garantías de seguridad. Aun el *"aliento"* se les fue. La presencia de Dios en la vida de hombres y mujeres que habrán de conquistar les quita a otros el deseo de enfrentarlos o confrontarlos.

## II. La circuncisión

"Y Josué se hizo cuchillos afilados, y circuncidó a los hijos de Israel en el collado de Aralot" (5:3).

Antes de comenzar a conquistar, Jehová Dios ordenó a Josué que los varones se tenían que circuncidar: *"En aquel tiempo Jehová dijo a Josué: Hazte cuchillos afilados, y vuelve a circuncidar la segunda vez a los hijos de Israel"* (5:2).

Desde que salieron de Egipto cuarenta años atrás la práctica religiosa y de identidad étnica de los hebreos, como era la cir-

## "Y circuncidó a los hijos de Israel" 69

cuncisión, se había dejado de practicar: *"Esta es la causa por la cual Josué los circuncidó: Todo el pueblo que había salido de Egipto, los varones, todos los hombres de guerra, habían muerto en el desierto, por el camino, después que salieron de Egipto. Pues todos los del pueblo que habían salido, estaban circuncidados; mas todo el pueblo que había nacido en el desierto, por el camino, después que hubieron salido de Egipto, no estaba circuncidado. Porque los hijos de Israel anduvieron por el desierto cuarenta años, hasta que todos los hombres de guerra que habían salido de Egipto fueron consumidos, por cuanto no obedecieron a la voz de Jehová; por lo cual Jehová les juró que no les dejaría ver la tierra de la cual Jehová había jurado a sus padres que nos la daría, tierra que fluye leche y miel"* (5:4-6).

La generación nacida en el desierto no había cumplido con este rito que representaba el pacto con Abraham:

*"Era Abram de edad de noventa y nueve años, cuando le apareció Jehová y le dijo: Yo soy el Dios Todopoderoso; anda delante de mí y sé perfecto. Y pondré mi pacto entre mí y ti, y te multiplicaré en gran manera. Entonces Abram se postró sobre su rostro, y Dios habló con él, diciendo: He aquí mi pacto es contigo, y serás padre de muchedumbre de gentes. Y no se llamará más tu nombre Abram, sino que será tu nombre Abraham, porque te he puesto por padre de muchedumbre de gentes. Y te multiplicaré en gran manera, y haré naciones de ti, y reyes saldrán de ti. Y estableceré mi pacto entre mí y ti, y tu descendencia después de ti en sus generaciones, por pacto perpetuo, para ser tu Dios, y el de tu descendencia después de ti. Y te daré a ti, y a tu descendencia después de ti, la tierra en que moras, toda la tierra de Canaán en heredad perpetua; y seré el Dios de ellos.*

*Dijo de nuevo Dios a Abraham: En cuanto a ti, guardarás mi pacto, tú y tu descendencia después de ti por sus generaciones. Este es mi pacto, que guardaréis entre mí y vosotros y tu descendencia después de ti: Será circuncidado todo varón de entre vosotros. Circuncidaréis, pues, la carne de vuestro prepucio, y será por señal del pacto entre mí y vosotros. Y de edad de ocho días será circuncidado todo varón entre vosotros por vuestras generaciones; el nacido en casa, y el comprado por dinero a cualquier extranjero, que no fuere de tu linaje. Debe ser circuncidado el nacido en tu casa, y el comprado por tu dinero; y estará mi pacto en vuestra carne por pacto perpetuo. Y el varón incircunciso, el que no hubiere circuncidado la carne de su prepucio, aquella persona será cortada de su pueblo; ha violado mi pacto.*

*Dijo también Dios a Abraham: A Sarai tu mujer no la llamarás Sarai, mas Sara será su nombre. Y la bendeciré, y también te daré de ella hijo; sí, la bendeciré, y vendrá a ser madre de naciones; reyes de pueblos vendrán de ella. Entonces Abraham se postró sobre su rostro, y se rió, y dijo en* su corazón: *¿A hombre de cien años ha de nacer hijo? ¿Y Sara, ya de noventa años, ha de concebir?"* (Gn. 17:1-17).

Es hipotético decir que tal vez debido a la persecución étnica contra los varones hebreos en Egipto la circuncisión se hubiera dejado de practicar. De una manera u otra el ritual de la circuncisión se había dejado de practicar.

El hecho de decirse: *"circuncidar la segunda vez a los hijos de Israel"* (5:2), puede referirse a alguna circuncisión que previamente a la ley del Sinaí, Moisés practicó en los hijos de Israel. ¿Por qué entonces no se continuó con esta práctica? Puede que no la vieran importante hasta que no se asentaran en la tierra de la promesa.

Muchos de nosotros también descuidamos prácticas religiosas y espirituales que beneficiaron a generaciones pasadas de creyentes. En el afán y en la pasión de conquistar pasamos por alto buenas tradiciones y omitimos mandatos de Dios. La iglesia de nuestra generación está en transición, está en época de cambios, pero no nos olvidemos de aquellas buenas tradiciones que fueron de bendición a pasadas generaciones de la iglesia.

Allí en Gilgal, *"en el collado de Aralot"* (5:3), los hijos de Israel fueron circuncidados. *"Aralot"* significa *"prepucio"*. El nombre *"Gilgal"* del hebreo *"galal"* significa rodar.

Es interesante la aclaración de que los hombres salidos de Egipto *"fueron consumidos, por cuanto no obedecieron a la voz de Jehová"* (5:6). La falta de la circuncisión se debió a la desobediencia y por esto Dios los privó de la bendición de entrar a la Tierra Prometida.

La generación de desobedientes a la voz de Dios, de rebeldes a su voluntad, no se graduarán con los conquistadores, saldrán pero no llegarán; comenzarán pero no terminarán, iniciarán pero no completarán. Aunque eran circuncidados en la carne no lo eran en el corazón. El corazón tiene que ser circuncidado del pecado (Ro. 2:17-29; 3:1).

La circuncisión sería para los hijos de Israel la prueba de que renovaban el pacto patriarcal con Dios. Ellos tenían que comenzar con Dios para terminar con Dios. Los conquistadores ponen a Dios en primer lugar, y en segundo lugar, las conquistas.

El apóstol Pablo declaró: *"En él también fuisteis circuncidados con circuncisión no hecha a mano, al echar de vosotros el cuerpo pecaminoso carnal, en la circuncisión de Cristo"* (Col. 2:11).

La circuncisión para el creyente en Cristo es espiritual, es del alma, es del corazón, es de la voluntad, es de los sentimientos, es de las emociones. Así como el prepucio se corta circularmente en la circuncisión (cortar en círculo), el pecado, toda la obra carnal y todo aquello que protesta contra la ley y la gracia de Jesucristo

# "Y circuncidó a los hijos de Israel"

se tiene que extirpar de la vida de aquel o aquella que desea ser destinado por Jesucristo a las conquistas.

Leemos: *"Y cuando acabaron de circuncidar a toda la gente, se quedaron en el mismo lugar en el campamento, hasta que sanaron"* (5:8). A la circuncisión le siguió un tiempo de sanidad, de curación, de recuperación. Es interesante observar que los circuncidados *"se quedaron en el mismo lugar en el campamento hasta que sanaron"* (5:8). Muchos llegan a un *"campamento"* espiritual donde un "Josué" los circuncida ayudándoles a superar alguna crisis, a tener alguna restauración, pero antes de estar totalmente sanados o recuperados deciden abandonar *"el campamento"*, lo cual les hace mucho daño personal y hasta pueden llegar a tener alguna infección.

Otros se desesperan por atacar al enemigo y si atacan a este sin estar completamente curados, el dolor les puede sobrevenir inesperadamente y el adversario los puede derrotar. Aquellos que hoy día se pasan jugando a la guerra espiritual, estando todavía recuperándose de la circuncisión del alma y de los dolores del corazón, corren peligro de ser derrotados por el enemigo.

¡Quédate *"en el mismo lugar"* donde Dios ha comenzado a sanarte! ¡No te muevas de ahí hasta que hayas sanado de tu circuncisión! ¡Dios quiere sanarte ahí en el collado de los "prepucios"!

## III. La celebración

"Al otro día de la pascua comieron del fruto de la tierra, los panes sin levadura, y en el mismo día espigas nuevas tostadas" (5:11).

De la ceremonia de la circuncisión, el pueblo se movió a la ceremonia de la festividad de la Pascua. La fecha de esta festividad y la manera de hacerla fue establecida por Jehová Dios (Éx. 12:1-28).

Con la Pascua se iniciaba la festividad del primer mes en el calendario judío (Éx. 12:1), cada familia promedio comería el cordero de un año de las ovejas o corderos y sin defecto (Éx. 12:4-5), de ser la familia pequeña compartiría con otra pequeña (Éx. 12:4).

El día catorce del mes el cordero sería inmolado (Éx. 12:6), lo comerían asado al fuego, con panes sin levadura y con hierbas amargas (Éx. 12:7-9). Y tenían que consumir la mayoría del mismo vestidos y el sobrante quemarlo en fuego (Éx. 12:10-11).

Esta sería una festividad perpetua (Éx. 12:14); seguida por la fiesta de los panes sin levadura que se comería durante siete días consecutivos (Éx.12:15); se abriría con santa convocación y se cerraría con santa convocación (Éx. 12:16-20).

Los cuarenta años en el desierto, la ausencia de pan sin levadura, les había impedido celebrar esta festividad. Pero ahora en Gilgal después de la circuncisión recuerdan lo dicho por Dios: *"Y cuando entréis en la tierra que Jehová os dará, como prometió, guardaréis este rito"* (Éx. 12:25).

Al día siguiente a la Pascua, comieron de *"los panes sin levadura"* (5:11), con *"espigas nuevas tostadas"* (5:11). Encontraron provisiones dejadas por aquellos pueblos atemorizados (5:11). El *"maná"* les había sido el alimento milagroso dado por Dios, un día después de *"los panes sin levadura"*, el *"maná"* misterioso no les fue más provisto y el pueblo de Israel comió *"de los frutos de la tierra de Canaán aquel año"* (5:12).

Dios hará milagros cuando por medios comunes no podamos hacer o tener algo. Otros milagros ocurren de manera ordinaria, con cosas y personas comunes. Y tanto los primeros como los segundos siguen siendo milagros. Pero Él seguirá siendo el Dios de las provisiones. Muchas veces Dios retira algo que de manera milagrosa nos ha estado dando, a fin de enseñarnos a buscar y a hacer las cosas por nosotros mismos.

La Iglesia marcha por esta tierra en un desierto espiritual, Dios la alimenta con su *"maná"* de la Palabra escrita y con la manifestación de los dones espirituales. Cuando lleguemos a la Canaán celestial ya no necesitaremos de la Palabra escrita o de los medios de gracia, porque tendremos toda la provisión divina.

Jesús es nuestra *Pascua*, es nuestro *Cordero de la Pascua*. Jesucristo dio al *"vino"* un nuevo significado en referencia al nuevo pacto y a la sangre que derramaría en remisión por los pecados de muchos, y el *"pan"* en referencia a la entrega y suplicio de su cuerpo: *"Y mientras comían, tomó Jesús el pan, y bendijo, y lo partió, y dio a sus discípulos, y dijo: Tomad, comed; esto es mi cuerpo. Y tomando la copa, y habiendo dado gracias, les dio, diciendo: Bebed de ella todos; porque esto es mi sangre del nuevo pacto, que por muchos es derramada para remisión de los pecados. Y os digo que desde ahora no beberé más de este fruto de la vid, hasta aquel día en que lo beba nuevo con vosotros en el reino de mi Padre"* (Mt. 26:26-29).

Así como el pueblo judío en la tradición de la Pascua celebra la liberación de Egipto, la comunidad de fe al participar de los elementos del *"vino"* y *"pan"* celebramos la liberación espiritual del Egipto de este mundo y la libertad del pecado.

Los *católicos romanos* en los elementos del *"pan"* y el *"vino"* ven la transustanciación, dogma por el cual enseñan la transformación de la sangre y el cuerpo de Jesucristo en estos elementos.

Los *luteranos* en los elementos enseñan la consustanciación,

## "Y circuncidó a los hijos de Israel" 73

dogma donde la sangre y el cuerpo de Jesucristo se hacen presentes, aunque no se trasforman.

Los evangélicos en general solo hablan de símbolos en los elementos no de transustanciación, consustanciación o de presencia de la sangre y el cuerpo de Jesucristo.

Al participar de los elementos *"vino"* y *"pan"* en realidad muchos evangélicos utilizamos jugo de uva en lugar de vino fermentado, aunque las culturas dictan esto para algunos. Es interesante que Pablo al institucionalizar la *Cena del Señor*, al hablar del *"pan"* usó las palabras del Señor Jesucristo: *"haced esto en memoria de mí"*, y al referirse a la copa del *"vino"* señaló las palabras del Señor: *"haced esto todas las veces que la bebiereis, en memoria de mí"* (1 Co. 11:24-26).

En Lucas 22:19 el Señor Jesucristo al tomar el pan, dar gracias y partirlo y simbolizarlo como su cuerpo dijo: *"haced esto en memoria de mí"*. Esas palabras *"en memoria de mí"* aparecen siempre esculpidas en la mesa litúrgica de la *Cena del Señor*. Y demuestran que la *Cena del Señor*, cada vez que se repite, es memorial de lo que el Señor Jesucristo hizo en el acto de la expiación por nosotros.

Pablo de Tarso atribuyó enfermedades, debilidades y muerte a muchos que habían participado indignamente de la *Cena del Señor*: *"De manera que cualquiera que comiere este pan o bebiere esta copa del Señor indignamente, será culpado del cuerpo y de la sangre del Señor. Por tanto, pruébese cada uno a sí mismo, y coma así del pan, y beba de la copa. Porque el que come y bebe indignamente, sin discernir el cuerpo del Señor, juicio come y bebe para sí"* (1 Co. 11:27-32).

La razón era que los primeros cristianos celebraban un ágape y luego participaban de los elementos litúrgicos en la *Cena del Señor* y muchos abusaban del significado y propósito de la misma (1 Co. 11:33-36).

Al participar de la *Cena del Señor*, aunque no haya misticismos en la misma, la comunidad de fe lo debe hacer con mucha reverencia y temor de Dios. Se deben respetar los dogmas eclesiásticos establecidos por las diferentes tradiciones religiosas.

Aunque Judas participó de la Cena de Pascua y de los elementos simbólicos del *"pan"* y del *"vino"* con un corazón sucio y dañado por la avaricia (Mt. 26:19-24), esto no debe tomarse como excusa para tomar la *Cena del Señor* en pecado. A Judas en ese acto final el Señor Jesucristo le dio una oportunidad de gracia aunque todo era parte del plan de las edades.

## Conclusión

(1) Por medio de actos milagrosos el mundo se dará cuenta del apoyo que Dios da a los conquistadores.

(2) Los conquistadores antes de lanzarse a las conquistas deben circuncidarse y circuncidar a todos aquellos que participarán, y en el campamento escogido por Dios para ellos esperar hasta sanarse.

(3) La Pascua del cristiano es la muerte de Jesucristo derramando su sangre y entregando su cuerpo, lo cual se representa en los elementos del *"pan"* y del *"vino"*.

# "¿ERES DE LOS NUESTROS, O DE NUESTROS ENEMIGOS?"

"Estando Josué cerca de Jericó, alzó sus ojos y vio un varón que estaba delante de él, el cual tenía una espada desenvainada en su mano. Y Josué, yendo hacia él, le dijo: ¿Eres de los nuestros, o de nuestros enemigos?"
(Jos. 5:13).

## Introducción

Antes de dar la orden para la conquista de Jericó, ya cerca de la ciudad fortificada Josué vio la figura de un soldado, de un hombre de guerra con la espada en la mano (5:13). Sin temor alguno a este extraño personaje Josué lo interrogó: *"¿Eres de los nuestros, o de nuestros enemigos?"* A lo que él le respondió: *"No"*. O sea: *"No soy un soldado tuyo, no soy un soldado enemigo"*. Implicaba: *"No estoy en contra tuya, soy tu aliado"*.

Josué, después de escuchar lo que él dijo a continuación: *"No; mas como Príncipe del ejército de Jehová he venido ahora"* (5:14), inmediatamente lo reverenció y se puso bajo su voluntad: *"¿Que dice mi Señor a su siervo?"* El *"Príncipe del ejército de Jehová"* le contestó: *"Quita el calzado de tus pies, porque el lugar donde estás es santo"* (5:15). Y Josué así lo hizo.

## Josué el conquistador

### I. El lugar

"Estando Josué cerca de Jericó" (5:13).

Los varones se habían circuncidado, la Pascua se había celebrado, habían buscado a Dios y la presencia divina los buscaría a ellos. Un ambiente de espiritualidad se había creado. Josué estaba *"cerca de Jericó"*, analizando, reflexionando, diseñando estrategias para la conquista. Lo encontramos solo, con espíritu temerario, demostrándole al enemigo que no le tenía miedo. El sabía que podía confiar en las promesas divinas, que su vida estaba en las manos de Dios. Los conquistadores no temen al enemigo. No miran los problemas de lejos, se acercan a los problemas.

Dios siempre nos permitirá acercarnos en el tiempo y en el lugar de las futuras conquistas. Muchos en vez de acercarse al lugar de la conquista se alejan del mismo. Allí solo, Josué buscaba el rostro y la presencia de Dios. Hay cosas que el conquistador tiene que hacerlas solo. No puede tener a nadie con él.

En esa soledad (la palabra "soledad" viene de la palabra "solo", o sea "estar solo"), Dios puede revelarse al conquistador y manifestarle su presencia. Aunque las victorias son de Dios, las conquistas las produce Él, nosotros debemos hacer la parte que nos corresponde. ¡Haz tu parte y Dios hará la suya!

### II. La aparición

"alzó sus ojos y vio un varón que estaba delante de él, el cual tenía una espada desenvainada en su mano" (5:13).

Josué *"alzó sus ojos"*. Probablemente estaba orando o haciendo esquemas en el suelo sobre la conquista de Jericó. Sea como sea, su mente estaba ocupada y concentrada cuando la súbita aparición de un varón, un soldado, lo sacó de su concentración personal y *"alzó sus ojos"*.

Delante de él tenía a un soldado con la espada en la mano. Dios siempre tiene su espada levantada para defender a sus hijos. No nos centremos tanto en nosotros mismos que no seamos capaces de descubrir la presencia de Dios cerca de nosotros. Muchas veces tendremos que quitar la mirada de otros, de nosotros mismos, para poder mirar hacia arriba.

Leemos: *"Y Josué, yendo hacia él, le dijo: ¿Eres de los nuestros, o de nuestros enemigos?"* (5:13). Ante este personaje armado y listo

## "¿Eres de los nuestros, o de nuestros enemigos?"

para combatir, Josué no se intimidó, no tuvo miedo, caminó hacia él y lo confrontó militarmente: *"¿Eres de los nuestros, o de nuestros enemigos?"* El conquistador busca discernir a quien está en contra de él o a quien está a favor de él. La paradoja de la vida es: Muchos que parecen amigos son enemigos y muchos que parecen enemigos son amigos. Es probable que veamos con sospechas y como contrarios a algunos que están de nuestro lado. Josué no creía en neutralidades: o se estaba a favor o se estaba en contra.

En la lucha por y para la justicia no podemos ser neutrales, ante los prejuicios no podemos ser neutrales, ante la discriminación no podemos ser neutrales, ante el racismo no podemos ser neutrales, ante el abuso humano no podemos ser neutrales, ante la explotación humana no podemos ser neutrales, ante la verdad no podemos ser neutrales, en la defensa de un amigo no nos podemos ser neutrales, ante la mentira fabricada no podemos ser neutrales. Esa es la pregunta que muchas veces tenemos que dejar clara ante la mente de muchos que dicen estar con nosotros pero a la hora de la verdad no están con nosotros, están para ellos. *"¿Eres de los nuestros, o de nuestros enemigos?"* No podemos tener uniformes de dos equipos. ¡Somos, o no somos! ¡Estamos, o no estamos! ¡Defendemos, o no defendemos!

### III. La contestación

"Él respondió: No; mas como Príncipe del ejército de Jehová he venido ahora" (5:14).

Aquel personaje ante Josué no era un soldado ordinario, era una figura extraordinaria, no era un soldado raso, era un oficial. Este personaje le dijo claramente: *"No, soy un general del ejército de Dios y he venido a tu lado"*. Josué era un general en el ejército de Israel, este personaje era general en el ejército celestial, no de cuatro o cinco estrellas, Él tenía todas las estrellas. ¡Esta era una teofanía! Era una aparición del Hijo de Dios (de Jesucristo) aquí en la tierra antes de su encarnación, su muerte, su resurrección y su ascensión.

A Abraham se le apareció como un visitante peregrino en el desierto (Gn. 18:1-3; 22-33). A Jacob, como un ángel que luchó con él (Gn. 32:24-30). A los jóvenes hebreos, como el cuarto personaje en el horno de fuego en Babilonia (Dn. 3:23-26). A Josué, como un soldado en plan de guerra (Jos. 5:13-15).

Este *Líder celestial* había venido de parte de Dios, el Cristo preencarnado estuvo con Josué antes de la conquista de Jericó alentándolo y animándolo. Decía Matthew Henry: "Cristo es, para los suyos, aquello precisamente que ellos esperan y desean con fe" (*Comentario Bíblico de Matthew Henry*, adaptado por Francisco Lacueva, Editorial Clie, p. 219). Según nuestras necesidades así se puede revelar el Señor Jesucristo. ¿Un policía, un médico, un mecánico, un enfermero, un maestro, un pastor, un evangelista?

Josué no necesitó más pruebas de quién era este extraño soldado, sabe que es una teofanía. Allí se postró en tierra y lo adoró (5:14). Josué sabía que solo a Dios se podía adorar, al adorar a este personaje daba testimonio de que era Dios.

El conquistador tiene que ser un adorador de la presencia de Dios. Muchos adoran más la adoración que a Dios mismo, alaban más la alabanza que a Dios mismo, enfatizan más el poder que la presencia de Dios, practican más la alabanza que la oración, creen más en las señales que en la santidad, buscan más las manifestaciones que la presencia real de Dios.

Josué le preguntó: "*¿Que dice mi Señor a su siervo?*" (5:14). Ante la presencia de Dios el conquistador se rindió. ¿Nos hemos rendido a la presencia de Dios? ¿Vemos a Jesucristo como amo y nos vemos nosotros como siervos? Más importante que lo que diga el conquistador al Señor es lo que el Señor dice al conquistador: "*¿Qué dice mi Señor a su siervo?*" ¿Cuál es tu voluntad? ¿Qué planes tienes para mí? ¡Da las órdenes y yo las cumpliré! ¡Estoy bajo tu autoridad divina! ¡Ordena y haré!

Leemos: "*Y el Príncipe del ejército de Jehová respondió a Josué: Quita el calzado de tus pies, porque el lugar donde estás es santo. Y Josué así lo hizo*" (5:15).

A Moisés Dios le dijo: "*No te acerques, quita tu calzado de tus pies, porque el lugar en que tú estás, tierra santa es*" (Éx. 3:5).

Con las mismas palabras Dios aprobó el liderazgo de Josué, así como lo hizo con Moisés. Allí donde Dios se manifestó fue lugar santificado. En el oriente la costumbre de quitarse el calzado en los santuarios y hogares se asocia con esta legendaria costumbre presentada. ¡Aprendamos a reconocer los lugares donde Dios manifiesta su presencia! Dios es más importante que el lugar, pero el lugar se respeta.

## "¿Eres de los nuestros, o de nuestros enemigos?"

**Conclusión**
(1) El conquistador debe acercase en el tiempo y en el lugar de la conquista.
(2) El conquistador, aunque esté ocupado, debe alzar sus ojos para ver a Dios.
(3) El conquistador no cree en neutralidades, busca un sí o un no para saber quién está a favor o en contra, y cuando descubre la presencia de Dios la adora.

# "JERICÓ ESTABA CERRADA"

"Ahora, Jericó estaba cerrada, bien cerrada, a causa de los hijos de Israel; nadie entraba ni salía" (Jos. 6:1)

**Introducción**

Aunque Jericó estaba bien protegida con sus muros y con sus puertas (6:1), Dios le declaró a Josué que se la entregaría (6:2). Durante seis días, con siete sacerdotes con *"cuernos de carnero"*, los hombres armados iban delante del *"arca de Jehová"*, al séptimo día darían siete vueltas, los sacerdotes tocarían los *"cuernos"* o *"trompetas"* y el pueblo gritaría y el muro caería (6:3-5).
Josué hizo cumplir las órdenes tal y como Dios se las dio (6:6-16). La ciudad de Jericó con todo lo que tenía adentro sería *"anatema a Jehová"* (6:17), con excepción del oro, la plata y el bronce que serían del *"tesoro de Jehová"* (6:18-19). Al oír el pueblo el sonido de las trompetas, gritó y el muro se cayó (6:20). Todo lo que tenía vida fue destruido (6:21), pero Rahab y la familia con todo lo suyo fueron puestos a salvo (6:22-23).
La ciudad fue quemada (6:24). Y a Rahab, Josué le cumplió la palabra por lo que ella hizo con proteger a los espías (6:25). Se pronunció maldición por Josué prohibiendo la reconstrucción de Jericó (6:26). Al estar la presencia de Dios con Josué, este se dio a conocer entre los pueblos alrededor (6:27).

**I. La seguridad**

"Ahora, Jericó estaba cerrada, bien cerrada, a causa de los hijos de Israel; nadie entraba ni salía" (6:1).

De las ciudades estados de la Jordania, Jericó era la más fortificada. Sus muros medían más de dos metros y medio de ancho y más de seis metros de alto. En Jericó hasta hoy día los arqueólogos han expuesto sus murallas, las más antiguas del mundo. Era una ciudad fortaleza como la mayoría de ciudades antiguas. Gracias a su ubicación, Jericó, se consideraba la ciudad estado que defendía la entrada por ese lugar a la Cisjordania. Ante sus muros cualquier grupo invasor se atemorizaba.

Sus enormes puertas que se abrían para dejar entrar y salir a los suyos en tiempos de paz, se cerraban para sus enemigos en tiempos de guerra. Ante la presencia de los ejércitos israelitas, Jericó *"estaba cerrada, bien cerrada"*. Ante la presencia de los conquistadores, hablando de manera metafórica, muchas ciudades amuralladas están bien cerradas. Pero lo que el hombre y la mujer cierran para otros, Dios lo puede abrir, aunque tenga que derrumbar muchos muros para sus hijos.

Aquella gente de Jericó que había resistido tantos enemigos, cuyos muros parecían indestructibles, que podían descansar hasta ver a sus enemigos retornar sin su presa, ante los extraños israelitas pensarían: *Dentro de los muros estamos seguros y protegidos. Estos nómadas del desierto desistirán de su sueño conquistador.*

Muchos seres humanos viven detrás de los muros de una seguridad falsa, de una voluntad inquebrantable, de propósitos egoístas, creyendo que cerrando sus enormes puertas de la invencibilidad, jamás nadie de afuera podrá entrar. ¡Cuán equivocados están! ¡Tarde o temprano los muros caerán, se abran o no las puertas!

## II. La paciencia

"Rodearéis, pues, la ciudad todos los hombres de guerra, yendo alrededor de la ciudad una vez; y esto haréis durante seis días" (6:3).

Aunque Jericó se creía segura, estaba *"bien cerrada"*, Dios se la prometió a Josué con su rey y sus soldados (6:2). Las promesas de Dios valen más que las estrategias, planes y fortalezas del mundo. A hombres y a mujeres con el corazón espiritual de conquistador, Dios les entrega ciudades.

Los hombres de guerra de Israel fueron instruidos a marchar alrededor de Jericó por seis días primeramente (6:3). Aquí se exigía mucha paciencia de parte de aquellos marchadores. El éxito

## "Jericó estaba cerrada"

en la obra de Dios, como la iniciación de congregaciones, como la evangelización conquistadora, se produce por la paciencia de hombres y mujeres que creen en la Palabra de Dios.

Aquellos soldados serían seguidos de siete sacerdotes con rústicas trompetas de *"cuernos de carnero"* (*"shofar"*). Los cuernos largos de antílope que hoy día son tan populares en muchos cultos no eran los cuernos que el pueblo judío tocaba, sino los cuernos de carnero (6:4). Y todos juntos, seguidos del *"arca de Jehová"*, darían seis vueltas en seis días y el séptimo día serían siete vueltas, trece vueltas en total: *"Y cuando toquen prolongadamente el cuerno de carnero, así que oigáis el sonido de la bocina, todo el pueblo gritará a gran voz, y el muro de la ciudad caerá; entonces subirá el pueblo, cada uno derecho hacia delante"* (6:5).

El *"arca de Jehová"* fue llevada por sacerdotes que irían al final (soldados, sacerdotes con trompetas y sacerdotes con el arca) (6:6). La presencia de Dios puede ir a la vanguardia o a la retaguardia, lo importante es que vaya con nosotros: *"Llamando, pues, Josué hijo de Nun a los sacerdotes, les dijo: Llevad el arca del pacto, y siete sacerdotes lleven bocinas de cuerno de carnero delante del arca de Jehová. Y dijo al pueblo: Pasad, y rodead la ciudad; y los que están armados pasarán delante del arca de Jehová"* (6:6-7).

Una semana entera de marcha completa y el séptimo día que los judíos lo identifican con el sábado, serían siete vueltas (6:11-15). Entre semana los creyentes marchan para Dios, pero el domingo se esforzarán por marchar más para Dios. Muchos creyentes aún no han aprendido a darle el día cristiano al Señor.

El domingo, primer día de la semana (según la Biblia, ya que el sábado es el séptimo y el último día de la semana), muchos creyentes se ausentan por fiestas familiares, por visitas personales, por paga extra en el trabajo, por tareas en la casa y por mil y una excusas más de la casa del Señor. ¡Se cansan de dar vueltas! ¡No quieren dar siete vueltas en el séptimo día!

Desde los muros de Jericó los atalayas miraban cada día la misma rutina. Los que marchaban se ponían temprano en sus lugares de marcha y los sacerdotes no tocaban las trompetas.

Muchos creyentes se cansan y se aburren de las rutinas congregacionales pero en esas rutinas Dios se glorificará. ¡No te canses de los cultos! ¡No te canses de las prédicas! ¡No te canses de los cánticos! ¡No te canses de que te pidan los diezmos y las ofrendas! ¡No te canses de trabajar en la obra del Señor!

## III. El silencio

"Y Josué mandó al pueblo diciendo: Vosotros no gritaréis, ni se oirá vuestra voz, ni saldrá palabra de vuestra boca, hasta el día que yo os diga: Gritad; entonces gritaréis" (6:10).

Durante cada día la marcha sería silenciosa y sin gritos, se llevarían siete trompetas pero no se tocarían hasta que Josué les avisara. Nadie podía gritar ni dejar oír su voz, gritarían cuando Josué les dijera: *"Gritad"*.

El problema de muchos creyentes es que son muy impulsivos, muy emocionales, muy sanguíneos, no se pueden autocontrolar, se les ordena estar en silencio y se ponen a gritar. ¡Cuántos no entran a las reuniones de oración hablando en voz alta y haciendo ruidos que interrumpen la comunión a otros, porque no se pueden refrenar para no hacer ruido! ¡Cuántos no apagan sus teléfonos celulares en el santuario del Señor!

Hay que hablar, pero hay que callar cuando Dios lo ordena. El grito muchas veces es innecesario, es "bulla" religiosa, emocionalismo contagioso, histeria colectiva, manipulación masiva. Josué les ordenó callarse la boca mientras marcharan, darían doce vueltas en silencio. Al dar la séptima vuelta del día séptimo, leemos: *"Josué dijo al pueblo: Gritad, porque Jehová os ha entregado la ciudad"* (6:16).

El pueblo obedeció. Antes de que caigan los muros delante de nosotros y podamos conquistar, tenemos que aprender a obedecer a nuestros líderes. En el silencio podemos meditar en Dios y meditar con Dios. Es un tiempo de estar en la presencia de Dios.

Primero, se completarían todas las vueltas (6:15), segundo, se tocarían las trompetas (6:16). El orden no excluye la bendición y el poder de Dios. Esperar en turnos permite que el plan de Dios se desarrolle.

## IV. Lo prohibido

"Pero vosotros guardaos del anatema; ni toquéis, ni toméis alguna cosa del anatema, no sea que hagáis anatema el campamento de Israel, y lo turbéis" (6:18).

Los conquistadores reconocerán en sus conquistas que hay cosas que Dios clasifica como *"anatemas"*, *"malditas"* o *"prohibidas"*.

## "Jericó estaba cerrada" 85

Lo que Dios no quiere para Él, no lo quiere para sus hijos. El eslogan de Dios es: *"ni toquéis, ni toméis alguna cosa del anatema"*. Muchos creyentes y ministerios se arruinan por "tomar" y "tocar" lo prohibido por Dios. La *avaricia* y la *codicia* son hermanas de la *destrucción*. Poseer lo que Dios no quiere que poseamos nos arruina y nos empobrece, nos quita la bendición, nos aleja del propósito de Dios, nos vuelve miserables, nos hace dignos de conmiseración, nos sumerge en la desgracia, nos quita el favor de Dios. Tomar los diezmos de Dios para uso y consumo personal trae maldición financiera sobre un creyente y sobre la familia. Una entrega total a Dios se ejemplifica en el desprendimiento de los diezmos y ofrendas para Él. Aquel que todavía no se siente libre para diezmar, tampoco está preparado para cumplir con el llamado al ministerio por Dios. Aún más, los que pudiendo diezmar no lo hacen, no son aptos para recoger la ofrenda. Ese privilegio se ha de dar a aquellos que creen en diezmar.

Un líder o ministro puede corromperse por las *faldas* (mujeres que pueden hacer caer) la *fama* (las alturas marean) y la *fortuna* (ganancias deshonestas). Muchas cosas en la vida se tienen que "mirar con las manos y tocar con los ojos"; así me decía mi abuela Josefina cuando yo era un niño, y hoy entiendo lo que ella decía.

Con lo prohibido por Dios, uno puede hacer *"anatema el campamento de Israel"*; y hoy día ese *"campamento"* es la iglesia local, que a causa del "robo" se puede poner bajo maldición. El *"anatema"* es también introducir en el culto a Dios cosas que Él no quiere, que no son bíblicas, que apagan el Espíritu y exaltan la carne.

Muchos *"campamentos"* están bajo maldición por creyentes que han *tocado* y *tomado* lo prohibido. Congregaciones se mueren, se cierran, se esterilizan, porque hay *"anatema en el campamento"*.

Con el *"anatema en el campamento"* este se turba. Leemos: *"y lo turbéis"*. Gente turbada turban a otros. Un líder enfermo en su carácter moral y en su capacidad directiva enferma a todo aquel que tenga alrededor. Cuando se pierde el carácter moral, se pierde la autoridad espiritual.

La ciudad de Jericó toda sería *anatema* menos la plata, el oro, el bronce y Rahab con los suyos y lo suyo: *"Y será la ciudad anatema a Jehová, con todas las cosas que están en ella; solamente Rahab la ramera vivirá, con todos los que estén en casa con ella, por cuanto escondió a los mensajeros que enviamos"* (6:17).

Hay lugares declarados *anatema* por Dios y el creyente no debe participar en ellos. Quien traspase las "zonas rojas" establecidas por Dios se considera un vil ladrón y está sujeto a castigo.

Los metales antes mencionados Dios los exigió como *"consagrados"* y entrarían *"en el tesoro de Jehová"* (6:19). Los diezmos y ofrendas se han de consagrar a Dios y deben ir a la tesorería de la iglesia local. Los diezmos se entregan en la iglesia donde uno es miembro; no se dan al pastor que uno tuvo, al misionero que uno desea apoyar, al familiar en el ministerio que uno tiene, o al ministerio favorito en radio o televisión. El diezmo tampoco se divide, se da todo a la iglesia de cada uno. Es nuestro deber traer los diezmos al alfolí de la iglesia local donde nos congregamos.
¡Diezma en tu iglesia local! Cuando el creyente no rinde el diezmo a Dios, sus finanzas pueden caer bajo maldición, se echan en saco roto, las pérdidas financieras aumentan. ¡Diezma a Dios y verás tus ingresos aumentar! El plan del 20% te puede hacer triunfar: *"Haga esto Faraón, y ponga gobernadores sobre el país, y quinte la tierra de Egipto en los siete años de la abundancia"* (Gn. 41:34). Separa el 10% de tus ingresos en el banco para el futuro. Con ese ahorro podrás ayudar a tus hijos en la educación o comprar una casa.

## V. El milagro

"Entonces el pueblo gritó, y los sacerdotes tocaron las bocinas; y aconteció que cuando el pueblo hubo oído el sonido de la bocina, gritó con gran vocerío, y el muro se derrumbó. El pueblo subió luego a la ciudad, cada uno derecho hacia adelante, y la tomaron" (6:20).

El pueblo hizo su parte y Dios hizo la suya. Hay una muy buena expresión no bíblica: "Dios dice ayúdate, que yo te ayudaré". Se enmarca en todas esas acciones divinas donde vemos al creyente haciendo algo y a Dios como socio en ese algo.
Con nuestra ayuda, si se puede decir así, Dios puede hacer muchos milagros. Nosotros obedecemos y actuamos en fe y la providencia divina se activa a favor nuestro.
Lo que parecían marchas tontas, un desfile étnico, una procesión humana, era un plan de Dios para capturar a toda una ciudad. Cada marcha diaria era un reclamo espiritual y siete marchas el séptimo día fue la conquista final.
Todavía el Señor Jesucristo puede entregar ciudades a su Iglesia cuando esta marcha. Con las marchas religiosas damos testimonio de fe. La *Iglesia Metodista Pentecostal* de Jotabeche, en Santiago de Chile (Chile), todas las tardes entra a su templo haciendo una marcha congregacional. La *"Marcha por Jesús"* en la cual participé en San Salvador (El Salvador), por la Avenida Roosevelt y que

## "Jericó estaba cerrada" 87

terminamos en la Plaza Barrios, donde prediqué ante miles de personas, fue una marcha de victoria y reclamo espiritual.

Los expertos militares en Jericó no entendían esa maniobra espiritual de marchar alrededor de la ciudad tantas veces. Pero en el cielo ya Dios estaba cocinando su derrota y la victoria de los israelitas. Esta fue la primera guerra no convencional inventada por Dios mismo.

Al oír el pueblo el sonido de la bocina tocada por los siete sacerdotes, este a la orden de Josué *"gritó con gran vocerío"* (6:20). Era el grito de fe, el grito de victoria, el grito de conquista, el grito de obediencia, el grito de autoridad espiritual. Y leemos: *"y el muro se derrumbó"* (6:20).

Allí Dios hizo un milagro; a la fe de los israelitas Dios respondió derrumbando el muro. ¿Cómo lo hizo Dios? Yo no lo sé, pero sé que lo hizo. ¿Usaría ángeles? ¿Usaría algún sismo limitado al fundamento de los muros?

Leemos: *"El pueblo subió a la ciudad cada uno derecho hacia delante, y la tomaron"* (6:20). Sin protección por sus muros, Jericó se hizo vulnerable y el pueblo de Dios subió y la conquistó. Se dice del pueblo: *"cada uno derecho hacia delante"*. Ahora la marcha era hacia delante, no más rodeos, no más vueltas, era tiempo de entrar y posesionar. Entraron como conquistadores.

Al entrar destruyeron toda vida. Al enemigo lo tenían que aniquilar. En el mundo espiritual en guerra espiritual, los conquistadores tienen la misión de destruir todo lo que es parte de ese mundo.

Lo único con garantía de vida en Jericó fue Rahab, su familia y todo lo que era de ella, porque Josué quería que la palabra dada a ella se honrara: *"Mas Josué dijo a los dos hombres que habían reconocido la tierra: Entrad en casa de la mujer ramera, y haced salir de allí a la mujer y a todo lo que fuere suyo, como lo jurasteis"* (6:22). Y los hombres que fueron espías hicieron lo acordado pero *"los pusieron fuera del campamento de Israel"* (6:23).

Tenían que purificarse *"fuera del campamento"*. Muchos creyentes a veces son dejados *"fuera del campamento"*, porque Dios los está limpiando, los está restaurando, los está levantando, los está preparando. Rahab y los suyos fueron rescatados, salvados, aceptados pero necesitaban tiempo para ser totalmente admitidos en la comunidad de Israel.

Después leemos de Rahab: *"y habitó ella entre los israelitas, hasta hoy, por cuanto escondió a los mensajeros que Josué había mandado a reconocer a Jericó"* (6:25). Ella llegó a ser parte del pueblo de Dios por gracia. Luego se casó con Salmón, su hijo Booz se casó con

Rut la moabita y les nació Obed; de este nació Isaí y de Isaí nació el rey David: *"Salmón engendró de Rahab a Booz, Booz engendró de Rut a Obed, y Obed a Isaí. Isaí engendró al rey David, y el rey David engendró a Salomón de la que fue mujer de Urías. Salomón engendró a Roboam, Roboam a Abías, y Abías a Asa"* (Mt. 1:5-6). Llegando a ser una antecesora o tatarabuela del rey David.

Sobre Jericó dijo Josué: *"Maldito delante de Jehová el hombre que se levantare y reedificare esta ciudad de Jericó. Sobre su primogénito eche los cimientos de ella, y sobre su hijo menor asiente sus puertas"* (6:26).

Ningún israelita edificaría Jericó. Una ciudad allí hubiera sido excelente. Pero Dios la había maldecido y lo que Dios repudia, rechaza y no quiere, no se le debe dar uso.

Pero en tiempos de Acab, rey de Israel, Hiel de Bet-el reedificó a Jericó. Leemos: *"En su tiempo Hiel de Bet-el reedificó Jericó. A precio de la vida de Abiram su primogénito echó el cimiento, y a precio de la vida de Segub su hijo menor puso sus puertas, conforme a la palabra que Jehová había hablado, por Josué hijo de Nun"* (1 R. 16:34).

Aunque luego se construyó otra Jericó cerca del montículo de la primera y en los días del Señor Jesucristo de la Jericó destruida se salía a otra nueva Jericó. La Jericó de los días de Josué se mantenía en ruinas frente al Monte de la cuarentena (donde se cree que Jesús ayunó cuarenta días con sus noches), y hasta hoy se conocen sus ruinas como *Tel-El Sultán* (he estado allí muchas veces). Y las piedras de estas ruinas nos recuerdan el poder de Dios. ¡Los muros de Jericó se derrumbaron!

## Conclusión

(1) El conquistador ante los muros levantados por muchos, confía en la ayuda de Dios.

(2) El conquistador sabe que cuando los planes son dados por Dios solo queda obedecer.

(3) El conquistador sabe cuándo no gritar y cuándo gritar.

(4) El conquistador no toca, ni toma lo que Dios ha prohibido.

(5) El conquistador es paciente hasta ver los muros derrumbarse.

# "HUYERON DE LOS DE HAI"

"Y subieron allá del pueblo como tres mil hombres, los cuales huyeron de los de Hai" (Jos. 7:4).

## Introducción

A causa de Acán del clan de la tribu de Judá, Jehová se disgustó con los hijos de Israel, porque este tomó del anatema (7:1). Un grupo de espías enviados por Josué a Hai, recomendaron que la misma podía ser tomada por dos mil o tres mil soldados (7:2-3). Pero los tres mil huyeron de los de Hai (7:6); muriendo treinta y seis hombres y desfalleció el corazón del pueblo (7:5).

Josué fue ante Dios en busca de respuesta divina a esta derrota. (7:6-9). Dios le habló y le reveló que el pueblo había pecado tomando del anatema, de lo prohibido (7:10-11). Dios no ayudaría más al pueblo ante sus enemigos si no destruían al anatema (7:12).

A Josué, Jehová le dio instrucciones de cómo descubrir al anatema por tribu, por familia, por casa y por varones (7:13-15). Tal como Dios le instruyó, hizo Josué; y Acán de la tribu de Judá fue descubierto con el anatema (7:16-19).

Ante Josué, Acán aceptó la culpa y confesó haber tomado: *"un manto babilónico muy bueno"*, plata y oro, que escondió bajo tierra en su tienda (7:21). Mensajeros de Josué comprobaron esto, llevando todo el anatema ante Josué y el pueblo (7:22-23).

A Acán con toda su familia, ganados y todo lo que poseía, con el anatema, los llevaron al *"valle de Acor"* (7:24). Allí fueron apedreados y luego los quemaron (7:25). En aquel lugar levantaron un monumento de piedras y el *"valle de Acor"* significa *"valle de turbación"* (7:26).

## I. El fracaso

"Y subieron allá del pueblo como tres mil hombres, los cuales huyeron delante de los de Hai" (7:4).

Este capítulo 7 de Josué comienza con un *"pero"*. Leemos: *"Pero los hijos de Israel cometieron una prevaricación en cuanto al anatema; porque Acán hijo de Carmi, hijo de Zabdi, hijo de Zera, de la tribu de Judá, tomó del anatema, y la ira de Jehová se encendió contra los hijos de Israel"* (7:1).

Muchos *"peros"* en la vida revelan la triste realidad de por qué muchos han fracasado y su fracaso ha sido la causa del fracaso de muchos. Hay quienes inician sus conversaciones con el *"pero"*, y presentan las causas de sus fracasos: *"Pero* fui muy inmaduro", *"Pero* actué emocionalmente", *"Pero* fue muy ligero", *"Pero* no lo pensé bien", *"Pero* hablé sin pensarlo", *"Pero* no lo sabía", *"Pero* no me lo dijeron", *"Pero* creía que era lo mejor", *"Pero* me equivoque".

Acán hizo a toda una nación responsable de su pecado, la puso bajo maldición, su acción equivocada afectó a su pueblo, a su tribu de Judá, a su familia, a su casa, a los varones de su casa, a él y a todo lo suyo.

Una sola persona puede hacer mucho daño a la obra de Dios, a una congregación, a un concilio. Por una sola persona Dios puede detener la victoria y dejarnos víctimas de la derrota.

Hace años aprendí este pensamiento: "Por un clavo se perdió una herradura, por una herradura se perdió un caballo, por un caballo se perdió un jinete, por un jinete se perdió una batalla, por una batalla se perdió una guerra".

Josué envió a un grupo de hombres a espiar a Hai (7:2), y así lo hicieron. La recomendación de ellos era que con dos mil o tres mil hombres se podía conquistar la ciudad de Hai (7:3). Dijeron: *"no fatigues a todo el pueblo yendo allí, porque son pocos"* (7:3).

Ellos subestimaron la capacidad del enemigo: *"porque son pocos"*. Un conquistador no emprende una nueva empresa restándole importancia a los retos de la misma. Los recursos humanos son herramientas importantes en la realización de los proyectos.

El conquistador debe enfrentar al enemigo con el plan "A"; si este le falla, aplicará el plan "B", si este le falla, aplicará el plan "C". Un plan alternativo es clave para lograr los objetivos.

Leemos: *"Y subieron allá del pueblo como tres mil hombres, los cuales huyeron delante de los de Hai"* (7:4). Los fracasos muchas veces son

## "Huyeron de los de Hai" 91

imprevisibles para los conquistadores y se constituyen en parte del proceso de la conquista. La derrota le siguió a la victoria anterior con la conquista de Jericó. Los frascos de la fórmula del éxito se rompen fácilmente. La experiencia no les garantizó el éxito ante una empresa menor que la toma de Jericó. Las estrategias y la logística ante cada nueva empresa deben superarse y ser más eficaces. La reserva de equipos y herramientas se debe aumentar ante los nuevos proyectos aunque no lleguemos a utilizarlos.

Los de Hai persiguieron a los israelitas, y mataron a unos *"treinta y seis"* de ellos (7:5). Y el efecto de esta derrota fue aplastante en lo emocional: *"por lo cual el corazón del pueblo desfalleció y vino a ser como agua"* (7:5). Emocionalmente no tenían ninguna firmeza, ¡Estaban totalmente "aguados"!

### II. La revelación

"Y Jehová dijo a Josué: Levántate; ¿por qué te postras así sobre tu rostro?" (7:10).

Cuando Josué supo de la aplastante derrota, reunió a los ancianos de Israel, puso su rostro en la tierra, frente al *"arca de Jehová"*, y allí estuvo junto a ellos con polvo sobre sus cabezas y él con los vestidos rotos (7:6). No le quedó otro recurso que ir delante de la presencia de Dios en busca de alguna respuesta.

En esta guerra "fácil" contra Hai, Jehová no había intervenido. Fue una guerra en la que pelearon ellos solos ¡Cuántas guerras espirituales no estamos peleando solos! Son nuestras guerras y no la guerra de Dios. Peleamos por nuestra cuenta y no porque Dios nos haya ordenado o dirigido en la misma.

Leemos: *"¡Ay, Señor! ¿qué diré, ya que Israel ha vuelto la espalda delante de sus enemigos?"* (7:8). El recién victorioso ejército de Israel, que obtuvo la victoria en la ciudad de Jericó, la más fortificada de los cananeos, por la intervención divina derrotó a sus enemigos.

A esto Josué añadió: *"Porque los cananeos y todos los moradores de la tierra oirán, y nos rodearán, y borrarán nuestro nombre de sobre la tierra, y entonces, ¿qué harás tú a tu grande nombre?"* (7:9).

Las derrotas nos llevan a pensar en lo que otros dirán de nosotros, en cómo reaccionarán ante nuestras derrotas y en los efectos futuros de las mismas. Ante esta inexorable realidad, el conquistador comprometió a Dios con su nombre, y el nombre o nombres de Dios se asocian con su naturaleza y su carácter.

Jehová Dios ordenó a Josué levantarse, no tenía razón de estarse echando la culpa como líder: *"Y Jehová dijo a Josué: Levántate; ¿por qué te postras así sobre tu rostro?"* (7:10).

Líderes: cuando las cosas no salgan como se había previsto, no nos quedemos doblegados, levantémonos e intentemos una nueva conquista. Una derrota no significa que estemos derrotados.

Leemos: *"Israel ha pecado, y aun ha quebrantado mi pacto que yo les mandé; y también ha tomado del anatema, y hasta han hurtado, han mentido, y aun lo han guardado entre sus enseres"* (7:11).

La acusación de Dios contra Israel es:

(1) *"ha quebrantado mi pacto"*. ¡Dios cumplió su parte pero Israel no cumplió la suya!

(2) *"ha tomado del anatema"*. Israel no podía posesionarse de lo prohibido por Dios y lo hizo.

(3) *"ha mentido"*. La mentira aunque nos pueda beneficiar a nosotros, y aun a otros, es éticamente inmoral.

(4) *"lo han guardado entre sus enseres"* Las cosas prohibidas por Dios que se esconden en la casa, Él ya las tiene en su inventario.

A causa del *"anatema"*, de lo prohibido, de lo no permitido por Dios, Israel no podía enfrentar a sus enemigos y huirían de ellos y peor aún, Dios les retiraría su presencia, tenían que destruir al *"anatema"* (7:12).

Luego Dios le dio instrucciones precisas:

(1) Tenían que santificarse para el próximo día, el problema era el del *"anatema"*.

(2) Tenían que hacer una investigación por tribu, familias y casas y así se descubriría al culpable.

(3) Tenían que ajusticiar al culpable, a él con todo lo que tenía.

*"Levántate, santifica al pueblo, y di: Santificaos para mañana; porque Jehová el Dios de Israel dice así: Anatema hay en medio de ti, Israel; no podrás hacer frente a tus enemigos, hasta que hayáis quitado el anatema de en medio de vosotros. Os acercaréis, pues, mañana por vuestras tribus; y la tribu que Jehová tomare, se acercará por sus familias; y la familia que Jehová tomare, se acercará por sus casas; y la casa que Jehová tomare, se acercará por los varones"* (7:13-15).

¡Interesante! Muchas congregaciones se ven afectados por una sola persona; se dividen por una sola persona; no crecen por una sola persona; se detienen las finanzas por una sola persona; se pierden las almas por una sola persona; se estancan por una sola persona: los pastores renuncian por una sola persona; se pelean por una sola persona; se apaga la bendición por una sola persona.

En Josué 7:16-18 vemos cómo Josué, al llegar a la tribu de Judá,

## "Huyeron de los de Hai"

llegó a la familia de Zera, a los varones de esa familia, a los varones de Zabdi y finalmente a Acán el culpable de esa derrota en Hai.

Leemos: *"Acán respondió a Josué diciendo: Verdaderamente yo he pecado contra Jehová el Dios de Israel, y así y así he hecho"* (7:20). Acán confesó porque fue descubierto por Dios como el culpable. Muchos no confiesan sus pecados, ni se arrepienten de los mismos hasta que no son hallados con las manos en la masa. Es triste comprobar cómo líderes que han fallado moralmente, en muchas organizaciones gozan de inmunidad y de protección. Mientras la organización no les suspenda o quite las credenciales ministeriales, tienen estado diplomático. Es irónico decir que: "pecan con licencia".

Acán confesó lo que hizo, tomó *"un manto babilónico muy bueno, y doscientos ciclos de plata, y un lingote de oro de peso de cincuenta ciclos"* y los escondió bajo tierra en medio de su tienda (7:21). La codicia es el deseo incorrecto, inmoral, no ético, de desear lo que no nos pertenece, lo que es de otro, lo que Dios prohíbe en su Palabra, es ver algo y desearlo hasta el punto de poseerlo sin importarle a uno los efectos y consecuencias de esto.

El envidioso ve algo de otro y quiere lo mismo, el codicioso ve lo de otro y busca tenerlo; la envidia (de ver) desea lo que ve, la codicia (de desear) busca tomar lo que deseó. La envidia y la codicia son siamesas pecaminosas. Cuando están asociadas hacen mucho daño. Al envidioso le gustaría tener lo que es de otro, el codicioso desea tener lo que es de otro. Codiciar es apasionarse con el deseo de querer tener algo que le pertenece a otro.

Josué envió mensajeros a la tienda de Acán y allí encontraron todo el *"anatema"* (7:23). Y lo trajeron a Josué y a Israel (7:24). El *habeas corpus* del delito fue encontrado.

Acán con todo el anatema, sus hijos y ganados, su tienda y posesiones, fue llevado al *"valle de Acor"*, y todo lo que tenía vida fue apedreado y después incinerado (7:24-25).

Josué preguntó a Acán antes de que lo apedrearan: *"¿Por qué nos has turbado?"* (7:25). Y luego dio la orden de lapidarlo diciendo: *"Túrbate Jehová en este día"* (7:25). El que turbó fue turbado. ¡Lo que se siembra se cosecha!

Recuerdo a un ministro que acusaba a otro compañero de ser un liberal, de ser mundano, lo acribillaba con palabras y chismes y le arruinaba su reputación como hombre de Dios, pero este ministro despiadado y malvado terminó expulsado y denigrado por su propia organización porque lo vieron posteriormente como un liberal al abandonar la dogmática de su organización. ¡Perdió a todos aquellos compinches de maldad! Sin embargo aquel que él había señalado, ha salido muchas veces en defensa de él.

Sobre Acán levantaron *"un gran montón de piedras"* (7:26). No un monumento a su memoria, sino un desprecio a su memoria. Muchos que han obrado mal y han hecho daño a otros y a la obra de Dios serán recordados siempre por un *"montón de piedras".*

El escritor de Josué dice que ese *"montón de piedras"*, en sus días, *"permanece hasta hoy"* (7:26). ¡Todavía ese *"gran montón de piedras"* de algunos *"Acanes"* permanecen en la memoria de muchos! A aquel valle se le llamó: *"Valle de Acor"* o *"Valle de turbación".*

## Conclusión

(1) El conquistador debe prepararse para ser realista ante el fracaso inesperado a causa de alguien que se le dañe el corazón.

(2) El conquistador debe ir a la raíz del problema e investigar cuál fue la causa de ese fracaso inesperado.

(3) El conquistador debe responsabilizar al culpable del fracaso y removerlo lo antes posible.

# "EXTIENDE LA LANZA"

"Entonces Jehová dijo a Josué: Extiende la lanza que tienes en tu mano hacia Hai, porque yo la entregaré en tu mano. Y Josué extendió hacia la ciudad la lanza que en su mano tenía" (Jos. 8:18).

## Introducción

Ante el temor de Josué para enfrentarse a la ciudad de Hai, la cual había derrotado al pueblo de Israel, Dios lo animó a conquistarla al igual que a su rey, tomando posesión de sus bienes (8:1-2).

De noche fueron treinta mil hombres por detrás de la ciudad (8:3-4); y Josué con el resto vendrían de frente, fingiendo comer, y sus hombres detrás de la ciudad tomarían la misma (8:5-6), prendiéndole fuego (8:8).

Los hombres obedecieron a Josué (8:9), y con él se quedaron como cinco mil hombres (8:10-13). Los de Hai los persiguieron (8:14-17), y Josué ordenado por Jehová extendió su lanza en dirección a Hai y los treinta mil tomaron la ciudad y la quemaron (8:18-19), sorprendiendo a los de Hai, los cuales quedaron entre dos bandas de Israel (8:20-22). A sus habitantes se les dio muerte (8:22, 24-25), y a su rey prisionero (8:23), lo ahorcaron (8:29). Pero todo el tiempo Josué mantuvo extendida la lanza en su mano (8:26-27).

## I. La frustración

"Jehová dijo a Josué: No temas ni desmayes; toma contigo toda la gente de guerra, y levántate y sube a Hai. Mira, yo he entregado en tu mano al rey de Hai, a su pueblo, a su ciudad y a su tierra" (8:1).

La derrota de Israel a causa del anatema tomado por Acán en la ciudad de Hai, había hecho mella y grieta en el corazón del conquistador. Muchos conquistadores ante derrotas inesperadas, se frustran y se acobardan en su espíritu de conquistador.

Dios animó al conquistador y le ordenó: *"toma contigo toda la gente de guerra"* (8:1), garantizándole la victoria total. Esta vez Josué utilizaría todos los recursos humanos posibles y él mismo haría el trabajo en equipo; antes fueron unos tres mil a tomar a Hai (7:3-5), ahora el número sería de unos treinta y cinco mil (8:3, 12). En el trabajo para el Señor Jesucristo tenemos que involucrar el mayor número posible de personas voluntarias para conquistar mucho y rápido.

Leemos: *"Entonces se levantaron Josué y toda la gente de guerra, para subir contra Hai, y escogió Josué treinta mil hombres fuertes, los cuales envió de noche"* (8:3).

Primero, *"y escogió Josué"*. Aquí vemos que los escogió y los envió: elección y comisión, llamado y delegación. Muchos fracasos en la obra de Dios se deben al modo de escoger a la gente, muchas veces por compromiso, por amistad o por ignorancia. En este caso Josué escogió basado en su experiencia, y sin lugar a dudas, dirigido por Dios. Personas equivocadas en posiciones clave pueden afectar las conquistas. Personas clave en posiciones equivocadas también pueden afectar las conquistas.

Segundo, *"hombres fuertes"*. Esta era una guerra para *"hombres fuertes"*. Personas débiles, sin fuerzas, carentes de espíritu de conquistador, no son aptas para ser reclutadores en las misiones de Dios. Los alfeñiques emocionales de 44 kilos no sirven en el trabajo de Dios, se necesitan Charles Atlas con músculos espirituales, con determinaciones de plomo, con voluntades de hierro.

En la obra del Señor Jesucristo se necesitan personas apasionadas en el liderazgo, apasionadas en el servicio, apasionadas en la posición, y en la vida espiritual. La gente debe amar lo que hace por el Señor Jesucristo.

## II. La estrategia

"Y les mandó, diciendo: Atended, pondréis emboscada a la ciudad detrás de ella; no os alejaréis mucho de la ciudad, y estaréis todos dispuestos" (8:4).

# "Extiende la lanza"  97

Primero, *"Atended"*. Les pidió su atención. Al soldado se le dice: "¡Atención!" Personas irresponsables, sin iniciativa propia, carentes de entusiasmo y motivación, que no prestan atención y que siempre están descuidadas, ayudan muy poco en la obra del Señor Jesucristo. ¿Cuántas cosas y casos hemos dejado de atender para el Señor Jesucristo? ¿Cuántas veces Él nos tiene que llamar la atención? Segundo, *"pondréis emboscada a la ciudad detrás de ella"*. Las órdenes eran precisas. ¡Nadie podía inventar! La obra de Dios se ve afectada con aquellos que no siguen órdenes, que desarrollan planes independientes de la visión que Dios da al líder conquistador. Tenemos que trabajar unidos a la visión del líder: aliados a la visión, participando de la visión, defendiendo la visión y respirando la visión. Muchos pastores del Concilio Internacional de Iglesias Pentecostales de Jesucristo, Inc., que ha estado bajo mi obispado por más de dos décadas, me han escuchado decir: "Uno debe desayunar visión, almorzar visión y comer visión. Levantarse con la visión. Andar con la visión y acostarse con la visión".

Tercero, *"no os alejaréis mucho de la ciudad"*. Dios los quería cerca, y no lejos de la ciudad. El ministerio hacia la ciudad debe ser de cerca. Su objetivo y meta era la ciudad. Nuestra visión debe ser primero a nuestra ciudad, a nuestro barrio, a nuestro caserío, a nuestra aldea. ¡Impacta al mundo que tienes cerca, antes de querer impactar al mundo que tienes lejos!

¡Cerca de la ciudad nos quiere el Señor! Tenemos que estar cerca de donde están los problemas. No busquemos la congregación perfecta, porque tan pronto nos hagamos miembros, esta dejará de ser la congregación perfecta que creíamos que era. La Iglesia de Jesucristo es perfecta con miembros imperfectos como tú y como yo. ¡Somos santos bajo construcción! A unos les faltan las puertas, a otros las ventanas, a otros el techo, pero todavía el Señor no ha terminado de construir en nosotros.

Cuarto, *"y estaréis todos dispuestos"*. No dice "algunos", "unos cuantos", un "grupito", dice *"todos dispuestos"*. Cada uno tenía un puesto que cumplir, era querer estar en el puesto o ser puestos. Muchos no están *dispuestos*, sino que están indispuestos, aunque hablan mucho, prometen mucho, se emocionan mucho, oran mucho, piden mucho y esperan mucho. Cuando se les necesita no están, y cuando se les delega algo, fallan en el cumplimiento de la tarea asignada. De esa palabra "puesto" se derivan palabras como "dispuestos, "indispuestos" o "impuestos".

Josué y el grupo que estaba con él se acercarían a la ciudad y cuando salieran los de Hai pretenderían huir de ellos, hasta alejarlos de la ciudad: *"Y yo y todo el pueblo que está conmigo nos acercaremos a la ciudad; y cuando salgan ellos contra nosotros, como hicieron antes, huiremos delante de ellos. Y ellos saldrán tras nosotros, hasta que los alejemos de la ciudad; porque dirán: Huyen de nosotros como la primera vez. Huiremos, pues, delante de ellos"* (8:5-6).

Inmediatamente el grupo que vendría por la parte de atrás de la ciudad la tomaría: *"Entonces vosotros os levantaréis de la emboscada y tomaréis la ciudad; pues Jehová vuestro Dios la entregará en vuestras manos"* (8:7).

¡Interesante! Josué con su grupo sería la "carnada" militar. El conquistador se pondría en la línea de batalla, se metería a la zona roja. Él mismo se expondría al peligro de ser perseguido con sus hombres para proteger a sus subalternos y al pueblo. El verdadero conquistador cuida y protege a su gente. Con su vida como ejemplo dirige y enseña a otros.

Animó al ejército que venían por detrás de la ciudad a tomarla: *"Entonces vosotros os levantaréis de la emboscada y tomaréis la ciudad, pues Jehová vuestro Dios la entregará en vuestras manos"* (8:7). La conquista de Hai ya estaba destinada por Dios, era su promesa, ellos la tenían que reclamar: *"Jehová vuestro Dios la entregará en vuestras manos"*.

La misión de ellos era tomarla y luego prenderle fuego, porque esa era *"la palabra de Jehová"* (8:8) y la orden de Josué. La Palabra de Dios se asocia con la obediencia a sus líderes; desobedecer a un líder legítimo de Dios es rebelarse contra su Palabra. En el reino de Dios la sumisión a la autoridad espiritual es un principio.

Ellos obedecieron a Josué como él les ordenó y los envió: *"y Josué se quedó aquella noche en medio del pueblo"* (8:9). El conquistador sabe quedarse en el lugar que le corresponde. Él se quedó *"en medio del pueblo"*, donde su persona con espíritu conquistador animaba a otros y les transmitía el espíritu de conquistador. Esa noche el conquistador vigiló con el pueblo.

Temprano en la mañana Josué contó los soldados que tenía y con los ancianos subió a Hai (8:10). Los soldados con él se acercaron a Hai, acampando al norte de la ciudad como leemos: *"y el valle estaba entre él y Hai"* (8:11). El valle era lo único que los separaba. Se ubicó de forma estratégica para ser visto por el enemigo. Su temor se transformó en temeridad, su miedo en valor, su derrota en victoria, su desánimo en ánimo, su negativismo en positivismo.

A sus cinco mil hombres los ubicó en el lugar señalado (8:12). Leemos: *"y Josué avanzó aquella noche hasta la mitad del valle"* (8:13). El conquistador aparece avanzando, moviéndose al lugar destinado y se puso en *"la mitad del valle"*, ni muy allá, ni muy acá, sin tomar

# "Extiende la lanza" 99

extremos. Los extremos siempre son peligrosos. Se enfrentaría al peligro con sabiduría.

Al ser visto por el rey y el pueblo de Hai, estos madrugaron para encontrarse con Israel y combatir, pero desconocían la emboscada (8:14). Josué puso en plan su estrategia: *"Entonces Josué y todo Israel se fingieron vencidos y huyeron delante de ellos por el camino del desierto"* (8:15).

El conquistador muchas veces aparecerá como vencido cuando en realidad no lo está. ¡No nos equivoquemos con hombres y mujeres que han sido destinados para la conquista! ¡El enemigo se confunde con los conquistadores! Los conquistadores son estrategas de Dios en el cumplimiento de la misión.

Los de Hai descuidaron la ciudad por seguir a Israel: *"Y no quedó hombre en Hai ni en Bet-el, que no saliera tras de Israel; y por seguir a Israel dejaron la ciudad abierta"* (8:17).

En esos momentos de descuido del enemigo se tiene que esperar. Tarde o temprano dejará sus fortalezas para meterse en nuestro valle de guerra espiritual. Y es allí donde le infligiremos bajas.

## III. La señal

"Entonces Jehová dijo a Josué: Extiende la lanza que tienes en tu mano hacia Hai, porque yo la entregaré en tu mano. Y Josué extendió hacia la ciudad la lanza que en su mano tenía" (8:18).

A Moisés, Dios le dijo: *"¿Qué es eso que tienes en tu mano? Y él respondió: Una vara. El le dijo: Echala en tierra. Y él la echó en tierra, y se hizo una culebra; y Moisés huía de ella. Entonces dijo Jehová a Moisés: Extiende tu mano, y tómala por la cola. Y él extendió su mano, y la tomó, y se volvió vara en su mano"* (Éx. 4:2-4).

Moisés tuvo una vara milagrosa en la mano pero le tuvo miedo. Muchos con talentos, habilidades y dones en sus manos, tienen miedo de los efectos que estos pueden tener en sus manos. ¡No le tenga miedo al milagro! ¡Deja que el Espíritu Santo utilice eso que tienes a mano!

Luego ante el Mar Rojo Jehová le dijo de nuevo a Moisés: *"Y tú alza tu vara, y extiende tu mano sobre el mar, y divídelo, y entren los hijos de Israel por en medio del mar, en seco"* (Éx. 14:16).

A Josué le dijo: *"extiende la lanza que tienes en tu mano hacia Hai... Y Josué extendió hacia la ciudad la lanza que en su mano tenía"* (8:18).

¿Hacia qué dirección deseas conquistar en tu vida? Dios siempre utilizará lo que tenemos en la mano o lo que tenemos a mano.

Josué tenía la lanza y eso usó Dios. Moisés tenía la vara y eso usó Dios. Sansón tenía la quijada de asno y eso usó Dios. David tenía la honda con cinco piedras y eso usó Dios. Elías tenía el manto y eso usó Dios. Eliseo tenía un palo y eso usó Dios. ¿Qué tienes a la mano? ¿Cuál es tu don? ¿Cuál es tu talento? ¿Qué experiencias tienes? Dios siempre usará todo aquello que tenemos a mano, que aunque insuficiente en nuestras manos es suficiente en las manos de Dios.

Un pintor tiene en su mano una brocha. Un mecánico tiene en su mano una llave de tuercas. Un carpintero tiene en su mano un serrucho o una sierra. Un peluquero tiene en sus manos una tijera. Una cocinera tiene en sus manos una cuchara. Un cantante tiene en sus manos un micrófono. Un jugador de baloncento tiene en sus manos una pelota. Un pescador tiene en sus manos una caña o una red de pescar. Cada uno tiene en sus manos lo que le caracteriza de su profesión: una computadora, un bolígrafo, una jeringuilla, una escoba, un timón, etc.

A muchos el Señor Jesucristo los está levantando como "punta de lanza" o "punta de flecha". Son todos aquellos que se atreven a transformar cosas ordinarias en cosas extraordinarias. Lo que hace la gran diferencia entre lo ordinario y lo extraordinario es el sufijo "extra". Ese "extra" se necesita en todo lo que emprendamos para Dios ¡Influye en tu generación haciendo cosas diferentes! Sé un creyente extraordinario, un pastor extraordinario, un predicador extraordinario y un ganador de almas extraordinario.

Con la lanza levantada Josué dio la señal de tomar a Hai: *"Y levantándose prontamente de su lugar los que estaban en la emboscada, corrieron luego que él alzó su mano, y vinieron a la ciudad, y la tomaron, y se apresuraron a prenderle fuego"* (8:19, 20-22).

El rey de Hai fue tomado vivo. *"Pero tomaron vivo al rey de Hai, y lo trajeron a Josué"* (8:23). Y los israelitas dieron muerte a los moradores de Hai (8:24), un total de doce mil incluyendo mujeres: *"Y el número de los que cayeron aquel día, hombres y mujeres, fue de doce mil, todos los de Hai"* (8:25).

Leemos: *"Porque Josué no retiró su mano que había extendido con la lanza, hasta que hubo destruido por completo a todos los moradores de Hai"* (8:26).

Los conquistadores mantienen en alto y extendida la lanza de la victoria, la del favor de Dios, la de la ayuda divina, la del milagro de lo alto, la de la perseverancia, la de la determinación, la de la lucha. ¡No bajes tu lanza! ¡Eso sería bajar la guardia!

Diferente a Jericó donde se prohibió tomar del anatema, en Hai Dios le dio permiso de tomar despojos y bestias (8:2 cp. 8:27).

# "Extiende la lanza"  101

¡Dios no se contradice, sino que les estaba enseñado a obedecer su Palabra! Primero dijo: "No" ahora dice: "Sí"; "sí" y "no" van ligados a su Palabra. El que está en la voluntad de Dios entiende su "sí" y su "no".

Hai quedó en escombros, sin ser habitada y el compilador añadió: *"para siempre hasta hoy"* (8:28). Muchos juicios divinos son para siempre. Al rey de Hai lo ahorcaron y removieron su cadáver cuando el sol se puso, siendo echado a la entrada de la puerta y cubierto de muchas piedras que el compilador añadió diciendo: *"que permanece hasta hoy"* (8:29).

¿Cuántos ejemplos nos ha dejado Dios *"hasta hoy"* de sus juicios divinos? ¿Cuántas señales tenemos *"hasta hoy"* de cómo Dios defiende a sus hijos? *"Hasta hoy"* hay cosas que son curiosas de Dios. *"Hasta hoy"* todavía hay montones de piedras que nos hacen pensar en Dios.

## Conclusión

(1) El conquistador se frustra como cualquier otro ser humano pero tiene a un Dios que lo entiende y lo motiva.

(2) El conquistador debe tener oídos en el espíritu para recibir las ideas y planes de Dios.

(3) El conquistador usará lo que tiene a mano y Dios hará todo lo necesario para darle la victoria.

# "Y JOSUÉ HIZO PAZ CON ELLOS"

"Y Josué hizo paz con ellos, y celebró con ellos alianza concediéndoles la vida; y también lo juraron los príncipes de la congregación" (Jos. 9:15).

## Introducción

Los reyes cananeos, ante el conocimiento de la derrota de los reyes de Jericó y Hai en la Cisjordania y de Sehón y Og en la Transjordania, hicieron alianza (9:1-2).

Los gabaonitas utilizaron la astucia. Fingieron que venían de lejos, haciéndose pasar como embajadores presentando un vestuario viejo, con odres viejos y pan seco y mohoso (9:3-6, 12, 13). Fueron interrogados por los de Israel y Josué (9:6-10); y ofrecieron alianza (9:11), y los de Israel la hicieron (9:14-15).

A los tres días, los de Israel se enteraron del engaño (9:16-17); a causa del juramento por Jehová los príncipes del pueblo no los mataron (9:18-19). Decidieron dejarlos vivos como siervos encargados de cargar agua y leña (9:20-24). Los gabaonitas de buena fe aceptaron su destino (9:25-27).

## I. La astucia

"Usaron de astucia; pues fueron y se fingieron embajadores, y tomaron sacos viejos sobre sus asnos, y cueros viejos de vino, rotos y remendados" (9:4).

La noticia de lo que Dios estaba haciendo con los de Israel se difundió entre aquellos pueblos cananeos de la Cisjordania (9:1). El mundo siempre tendrá noticia de lo que Dios está haciendo *con* y *por* la Iglesia.

Leemos: *"Cuando oyeron estas cosas"* (9:1). La *"luz"* de la Iglesia es pública, las obras de la Iglesia son públicas. Lo que hacen los siervos de Dios es de carácter público. Dijo el Señor Jesucristo: *"Así alumbre vuestra luz delante de los hombres, para que vean vuestras obras y glorifiquen a Dios"*.

Seis reyes se pusieron de acuerdo para detener la avanzada conquistadora de Josué y del pueblo de Israel, a saber: *"los heteos, amorreos, cananeos, ferezeos, heveos y jebuseos"* (9:1). Las Escrituras dicen: *"se concentraron para pelear contra Josué e Israel"* (9:2).

El enemigo de la Iglesia, el enemigo de los conquistadores, el enemigo de los propósitos de Dios, siempre buscará quienes, a su conveniencia, harán alianzas en la carne para pelear contra los aliados de Dios.

Los de Gabaón fueron listos y astutos al enterarse de la derrota de Jericó y de Hai (9:2), usando *"de astucia"* llegaron a los de Israel y se *"fingieron embajadores"* (9:4). Y fabricaron pruebas para dar solidez a sus palabras (9:5). Aquí se cumple el dicho: "Cuando no puedas derrotar al enemigo, únete a él". Pero tenemos que saber con qué enemigo nos queremos unir. Hay enemigos que en realidad pueden ser los mejores *amigos*.

Las circunstancias los clasifican como enemigos pero el propósito de Dios los desclasifica como enemigos y los transforma en amigos. Saulo de Tarso fue un enemigo de la Iglesia que se transformó en el mejor amigo y defensor de esta.

La astucia se puede utilizar de manera positiva o negativa, para hacer bien o hacer mal. Jesús dijo: *"sed, pues, prudentes como serpientes, y sencillos como palomas"* (Mt. 10:16). La Biblia de las Américas dice: *"Mirad, yo os envío como ovejas en medio de lobos; por tanto, sed astutos como las serpientes e inocentes como las palomas"*. En su instinto de conservación la serpiente, un depredador natural actúa y se mueve con astucia, prudencia, y es lista. Y en ese aspecto el Señor Jesucristo la utilizó como un ejemplo positivo.

Hay una astucia sana pero también hay una astucia malsana. La segunda la puedo ilustrar así: Conocí un líder que con astucia llegó a adquirir una posición ilegítima, valiéndose de mentiras y engaños. Con divisiones logró sembrar cizaña en el corazón de varios amigos contra un amigo, logrando que estos amigos se pusieran en contra de aquel, al cual sacrificaron en su posición. Esta clase de astucia es pecaminosa, es inmoral, es incorrecta, es punitiva, está mal vista por Dios.

## II. La alianza

"Y Josué hizo paz con ellos, y celebró con ellos alianza concediéndoles la vida; y también lo juraron los príncipes de la congregación" (9:15).

Los gabaonitas llegaron a Josué y le dijeron: *"Nosotros venimos de tierra muy lejana, haced, pues, ahora alianza con nosotros"* (9:6). Las alianzas son convenios que se hacen entre dos partes o más con fines y propósitos beneficiosos para todas las partes involucradas. Se hacen alianzas poniéndose uno al lado del otro, el peligro que enfrenta uno lo enfrentará el otro, la victoria del uno, será la del otro.

Las congregaciones hacen alianzas con otras congregaciones, bien sea en asociaciones, en fraternidades o en concilios, y en esas alianzas unen fuerzas y recursos en alcanzar objetivos comunes.

Los ministerios también deben hacer alianzas para cooperar entre sí, defenderse entre sí, apoyarse entre sí y juntos cumplir con la visión de Jesucristo, la evangelización y la misión de la Iglesia de fundar obras donde haya necesidad.

Ministerios evangelísticos deben aliarse a ministerios misioneros, pastores deben aliarse a evangelistas. Los ministerios no deben verse como contrarios luchando de espaldas, sino luchando uno al lado del otro; no uno contra el otro, sino uno a favor del otro. Pero las alianzas conllevan compromisos mutuos y colaboración mutua.

Los de Israel preguntaron a los "heveos": *"¿Cómo, pues, podremos hacer alianza con vosotros?"* (9:7). Las alianzas se realizan sobre bases de seguridad recíprocas. Tenemos que conocer con quiénes o por qué queremos hacer alianza con alguien. Una alianza nos afectará positiva o negativamente.

Josué también interrogó a los heveos gabaonitas: *"¿Quiénes sois vosotros, y de dónde venís?"* (9:8). El "quién" y el "dónde" son claves en las alianzas. Muchos enemigos hacen alianzas ficticias, con el propósito de dañar desde adentro, y a estos se les debe mantener lejos, a distancia "de un tiro de piedra".

Los heveos gabaonitas testificaron de Jehová Dios: *"Y ellos respondieron: Tus siervos han venido de tierra muy lejana, por causa del nombre de Jehová tu Dios; porque hemos oído su fama, y todo lo que hizo en Egipto, y todo lo que hizo a los dos reyes de los amorreos que estaban al otro lado del Jordán: a Sehón rey de Hesbón, y a Og rey de Basán, que estaba en Astarot"* (9:9-10).

Con gente que se pone del lado de Dios se puede hacer alianza. Los gabaonitas propusieron la alianza: *"Nosotros somos vuestros siervos, haced ahora alianza con nosotros"* (9:11). Las alianzas deben ser para ayudar y ser ayudados, para el servicio a favor de la obra de Dios y para servir a otros, no para ser servidores por otros, aunque hay bendición cuando se sirve a los demás.

Leemos: *"Y los hombres de Israel tomaron de las provisiones de ellos, y no consultaron a Jehová"* (9:14). Esta alianza se hizo sin el permiso de Dios, no se consultó a Dios, ni se le presentó en oración. Son muchos los que hacen alianzas, toman decisiones por su cuenta, se implican en proyectos, viven desarrollando planes pero no consultan a Dios.

Por ejemplo: Salen de viaje, exploran una comunidad, compran la casa y luego piden al pastor que ore para ver si es o no la voluntad de Dios que se trasladen al nuevo lugar, pero ya están haciendo la mudanza. Primero deciden y luego consultan a Dios.

Estas personas consultan al doctor, consultan al abogado, consultan al dentista, consultan al mecánico pero no consultan a Dios. ¡Nunca van al consultorio divino! ¡Nunca visitan la oficina de Dios! Otros llegan tarde al consultorio de Jesucristo. Por eso salen de un problema y se meten en otro.

Leemos: *"Y Josué hizo paz con ellos, y celebró con ellos alianza concediéndoles la vida; y también lo juraron los príncipes de la congregación"* (9:15).

Toda alianza debe ofrecer "paz", debe producir "celebración" y debe estar amparada en compromisos de fidelidad y en la palabra empeñada. La palabra es el único contrato intangible que puede poseer y ofrecer un ser humano. Los que pierden la palabra, se quedan sin ella, faltan a la palabra, rompen la palabra, destruyen el castillo de la confianza.

### III. La aceptación

"Ahora, pues, henos aquí en tu mano; lo que te pareciere bueno y recto hacer de nosotros, hazlo" (9:25).

Al tercer día los hijos de Israel llegaron a las ciudades de ellos. *"Y salieron los hijos de Israel, y al tercer día llegaron a las ciudades de ellos; y sus ciudades eran Gabaón, Cafira, Beerot y Quiriat-jearim"* (9:17). Pero tuvieron que abstenerse de matarlos por la palabra y juramento de los príncipes de Israel, aunque el pueblo de Israel murmuró contra estos y los príncipes.

## "Y Josué hizo paz con ellos"

*"Y no los mataron los hijos de Israel, por cuanto los príncipes de la congregación les habían jurado por Jehová el Dios de Israel. Y toda la congregación murmuraba contra los príncipes"* (9:18).

Los príncipes de Israel respondieron diciendo: *"Nosotros les hemos jurado por Jehová Dios de Israel; por tanto, ahora no les podemos tocar"* (9:19).

¡Hombres de palabra! ¡Hombres de valor! Esta especie masculina está en peligro de extinción. La palabra es nuestra garantía, cuando se pierde esta, se pierde todo crédito, nos hacemos baratos. ¡Los hombres dejan de ser varones de Dios cuando no cumplen la palabra! ¡Las mujeres dejan de ser mujeres de Dios si no cumplen la palabra!

Leemos: *"Esto haremos con ellos: les dejaremos vivir, para que no venga ira sobre nosotros por causa del juramento que les hemos hecho"* (9:20). Romper aquel juramento les traería juicio divino. ¡Con qué facilidad hoy día, ovejas y pastores rompen los acuerdos, quebrantan la palabra! La palabra dada se debe cumplir.

Leemos: *"Dijeron, pues, de ellos los príncipes: Dejadlos vivir; y fueron constituidos leñadores y aguadores para toda la congregación, concediéndoles la vida, según les habían prometido los príncipes"* (9:21). Les cumplieron lo *"prometido"*. Fueron enlistados al servicio de Israel como *"leñadores y aguadores"*, cortaban leña, la cargaban, además de cargar agua.

Los *"leñadores"* se necesitan en la obra del Señor Jesucristo pero que echen leña al fuego bueno y no al fuego malo. Su leña son las oraciones, las alabanzas y los testimonios.

Los *"aguadores"* son igualmente importantes. Hay buenos *"aguadores"* que traen agua de gozo, agua de alegría, agua de alivio, agua refrescante a los demás. Otros traen agua para apagar el fuego del avivamiento con las críticas, los chismes, las intromisiones y el estar continuamente entrometiéndose en problemas de otros que no les incumben a ellos.

Josué les confrontó con su engaño y astucia: *"¿Por qué nos habéis engañado, diciendo: Habitamos muy lejos de vosotros, siendo así que moráis en medio de nosotros?"* (9:22).

Aunque la motivación fue correcta el medio utilizado fue incorrecto. El fin nunca justifica los medios. La ética no es de izquierda, ni de derecha, es de centro. El engaño debe ser confrontado y el engañador reprimido.

Los gabaonitas y sus descendientes fueron maldecidos con el trabajo de cortar leña y traer agua *"para la casa de mi Dios"* (9:23). Una maldición que sería bendición. Cualquier trabajo realizado para Dios, aunque se vea desagradable, trae siempre bendición. Todo lo que hagamos se debe hacer de todo corazón como para Dios.

Ellos ofrecieron a Josué una razón convincente y válida para sus acciones: *"por esto temimos en gran manera por nuestras vidas a causa de vosotros, e hicimos esto"* (9:24).

La actitud de los gabaonitas fue de humildad. *"Ahora, pues, henos aquí en tu mano, lo que te pareciere bueno y recto hacer de nosotros, hazlo"* (9:25). No pelearon contra la voluntad de Dios. Aceptaron el castigo impuesto. No fueron rebeldes a lo establecido por Josué. Fueron sumisos a lo *"bueno y recto hacer"*. Y obedecieron a Josué: *"hazlo"*.

Leemos: *"Y él lo hizo así con ellos; pues los libró de la mano de los hijos de Israel, y no los mataron"* (9:26).

Josué fue defensor de los no defendidos, intercesor de los acusados, protector de los débiles, amigo de los marginados. No dejó que los hijos de Israel los mataran. En el rebaño del Señor Jesucristo, las ovejas matan más ovejas que cualquier lobo rapaz. Pero damos gracias a Dios por muchos cabros y cabras que defienden el rebaño del Señor Jesucristo.

Se nos dice en Josué 9:27 así: *"Y Josué los destinó aquel día a ser leñadores y aguadores para la congregación, y para el altar de Jehová en el lugar que Jehová eligiese, lo que son hasta hoy"*.

Primero, *"los destinó aquel día"*. ¡Somos hombres y mujeres de destino! Con todos nosotros el Señor Jesucristo tiene un destino ya determinado en el propósito divino. El destino de los gabaonitas nació aquel día, el nuestro nació el día que hicimos alianza con la persona maravillosa de Jesús de Nazaret.

Segundo, *"para el altar de Jehová"*. Destinados al servicio del altar. ¡Cerca de la presencia de Dios! Ministrando para Dios. ¡Trabajando en la presencia de Dios! ¡Estaban en la cocina de Dios!

Tercero, *"en el lugar que Jehová eligiese"*. Disposición para trabajar dondequiera que Dios pudiera elegir. ¡Dios nos pone donde nos necesita! Muchos fracasan porque no quieren el lugar que Dios escoge para ellos.

Cuarto, *"lo que son hasta hoy"*. Muchos comienzan haciendo algo y terminan haciendo otra cosa, empiezan siendo algo y terminan siendo otra cosa. Dejan de ser lo que Dios quiere que sean. ¡No nos cambiemos del lugar donde Dios nos pone! ¡Quédate ahí! ¡No te muevas de ese lugar!

# "Y Josué hizo paz con ellos" 109

## Conclusión

(1) El conquistador sabrá que muchos emplearán la astucia para lograr sus objetivos.

(2) El conquistador se mostrará receptivo siempre a las alianzas que se le ofrezcan.

(3) El conquistador aceptará de buena gana a todos aquellos que sean sumisos a su autoridad espiritual.

# "HA HECHO PAZ CON JOSUÉ"

"Subid a mí y ayudadme, y combatamos a Gabaón; porque ha hecho paz con Josué y con los hijos de Israel" (Jos. 10:4).

## Introducción

Adonisedec, rey de Jerusalén, se enteró de lo que Josué hizo a Jericó y a su rey, a Hai y a su rey, y cómo los gabaonitas hicieron la paz con los israelitas (10:1). Él sabía que Gabaón era una ciudad fuerte (10:2).

Adonisedec se hizo de una confederación de cinco reyes cananeos para combatir contra Gabaón (10:4-5). Al ser atacados los de Gabaón pidieron ayuda a Josué (10:6). Y Josué subió en defensa de los gabaonitas por orden de Jehová (10:7-9).

El enemigo se dio a la fuga (10:10), y Dios los castigó con granizo, y murieron muchos de ellos (10:11). Aquel día la rotación de la tierra disminuyó y se detuvieron el sol en Gabaón y la luna en Ajalón (10:12-14).

Josué con sus hombres regresaron a Gilgal (10:15). En una cueva en Maceda se escondieron los cinco reyes cananeos (10:16); allí Josué dio orden de mantenerlos encerrados en la cueva (10:17-18) El resto de los enemigos fueron perseguidos (10:18-21).

La piedra fue movida de la cueva de Maceda, sacaron a los reyes enemigos, y ante los principales del ejército Josué demostró que no eran nada (10:22-25). Después de ser ajusticiados, los colgaron y a la puesta del sol los echaron en la cueva y la sellaron (10:26, 27), y luego destruyeron varias otras ciudades enemigas (10:29-43).

# Josué el conquistador

## I. La confederación

"Por lo cual Adonisedec rey de Jerusalén envió a Hoham rey de Hebrón, a Piream rey de Jarmut, a Jafía rey de Laquis y a Debir rey de Eglón" (10:3).

El rey Adonisedec, ante la noticia de que los gabaonitas hicieron la paz con Israel, se llenó de temor y vio esto como un precedente para otras ciudades; y sobre todo su ciudad de Jerusalén estaba en peligro de ser conquistada y por eso buscó a otros cuatro reyes para castigar a Gabaón (10:1-2).

Ante el avance del conquistador los enemigos se unirán contra quienes han hecho la paz con este. El enemigo se atemoriza ante la tenacidad, la temeridad y la determinación de los conquistadores.

Adonisedec dijo: *"Subid a mí y ayudadme, y combatamos a Gabaón, porque ha hecho paz con Josué y con los hijos de Israel"* (10:4).

*"Adonisedec"* significa *"señor de justicia"* y es casi sinónimo de *"Melquisedec"* que significa *"rey de justicia"*. Son nombres comunes entre los reyes jebuseos. Jerusalén se conocía originalmente como "Salem" (Gn. 14:18, Sal. 76:2).

La confederación de la Canaán sudeste, liderada por Adonisedec, quería conquistar Gabaón para proteger esta pentápolis. El enemigo buscará siempre hacer confederaciones y atacar a aquellos que se identifican ante el espíritu del conquistador.

Todo aquel que no resiste al conquistador y se somete a su visión se verá siempre amenazado por los carnales, por los que tienen miedo. La confederación peleó contra Gabaón. *"Y cinco reyes de los amorreos, el rey de Jerusalén, el rey de Hebrón, el rey de Jarmut, el rey de Laquis y el rey de Eglón, se juntaron y subieron, ellos con todos sus ejércitos, y acamparon cerca de Gabaón, y pelearon contra ella"* (10:5). ¡Pero ahora los gabaonitas no estaban solos! ¡Tenían un aliado poderoso! ¡Eran socios con el conquistador!

## II. La petición

"Entonces los moradores de Gabaón enviaron a decir a Josué al campamento en Gilgal: No niegues ayuda a tus siervos; sube prontamente a nosotros para defendernos y ayudarnos; porque todos los reyes de los amorreos que habitan en las montañas se han unido contra nosotros" (10:6).

## "Ha hecho paz con Josué"

Los gabaonitas necesitaban el apoyo y ayuda militar de Josué. Ante la confederación amorrea, los gabaonitas sabían que no podían ganar, eran cinco contra uno y ese uno había sido de ellos. Por eso optaron por pedir ayuda y defensa.

El conquistador o la conquistadora nunca negarán la ayuda a aquellos que han puesto su confianza y dependencia en ellos. Cuidarán de aquellos que han hecho alianza con ellos. Las alianzas se respaldan y se defienden.

La ayuda solicitada por los gabaonitas era inmediata: *"sube prontamente a nosotros"*, y era necesaria: *"para defendernos y ayudarnos"*. Cuando estamos en prueba sabemos quién o quiénes están dispuestos a ayudarnos.

Leemos: *"Y subió Josué de Gilgal, él y todo el pueblo de guerra con él, y todos los hombres valientes"* (10:7). Josué no se hizo esperar. ¡Subió listo a defender a Gabaón!

El conquistador cuida y protege a todo aquel que está en alianza espiritual o ministerial con él y pone todos sus recursos a favor de lo que es justo. El conquistador defiende con gente valiente a su lado.

Dios habló a Josué y le animó a no tener miedo porque el enemigo no prevalecería contra él: *"Y Jehová dijo a Josué: No tengas temor de ellos; porque yo los he entregado en tu mano, y ninguno de ellos prevalecerá delante de ti"* (10:8). ¡Dios está de parte de los conquistadores! ¡Estos conquistan para no ser conquistados!

El ataque del conquistador contra la confederación amorrea fue de noche *"de repente"* (10:9). En una noche los israelitas lograron mover un ejército a una distancia de cuarenta y dos kilómetros, que anteriormente le había tomado tres días: *"Y salieron los hijos de Israel, y al tercer día llegaron a las ciudades de ellos; y sus ciudades eran Gabaón, Cafira, Beerot y Quiriat-jearim"* (9:17).

### III. La intervención

"Y mientras iban huyendo de los israelitas, a la bajada de Bet-horón, Jehová arrojó desde el cielo grandes piedras sobre ellos hasta Azeca, y murieron; y fueron más los que murieron por las piedras del granizo, que los que los hijos de Israel mataron a espada" (10:11).

Jehová Dios le hizo el trabajo más fácil a Josué el conquistador, a los enemigos *"los llenó de consternación delante de Israel, y los hirió con gran mortandad en Gabaón"* (10:10).

Al juicio anterior que produjo confusión, Dios le añadió un

ataque aéreo de proyectiles celestiales, *"piedras del granizo"* (10:11). El conquistador no conquista solo. Dios conquista con este. El autor del libro de Josué toma prestado una cita del libro misterioso de Jaser que tiene tono poético: *"¿No está escrito esto en el libro de Jaser? Y el sol se paró en medio del cielo, y no se apresuró a ponerse casi un día entero"* (Jos. 10:13). El "sol" y la "luna" aparecen como la figura retórica de la prosopopeya, personificados, a los cuales habló Josué y los mandó detenerse, el primero en Gabaón y la segunda en Ajalón:
*"Entonces Josué habló a Jehová el día en que Jehová entregó al amorreo delante de los hijos de Israel, y dijo en presencia de los israelitas: Sol, detente en Gabaón; y tú, luna, en el valle de Ajalón"* (10:12).

El valle de Ajalón está muy cerca del aeropuerto David Ben Gurión en Tel Aviv, la antigua Lod del Antiguo Testamento y la Lidia del Nuevo Testamento, no muy lejos del camino de Emaús. La autopista 20 cruza todo ese valle de Ajalón, el cual junto al Rdo. José A. Tejada, con un vehículo alquilado en Israel en el año 2006, cruzamos varias veces mientras cumplíamos compromisos evangelísticos en varias ciudades de Israel como Ashkelon (Ascalón), Ashdod (Asdod) y Beersheba (Beerseba) (utilizo las palabras en su traducción hebrea).

Por el dicho de Josué aquel día se prolongó porque Dios lo hizo más largo y le permitió hacerlo todo ese día. Dios todavía prolonga días para los conquistadores, les estira los días. Estos pueden hacer más en un día que el común de las personas.

Ese día para Josué duró: *"Hasta que la gente se hubo vengado de sus enemigos"* (10:13). Leí que este fenómeno se puede explicar de esta forma: "La luz del sol y la luna fue sobrenaturalmente prolongada por las mismas leyes de refracción y reflexión que ordinariamente causan que el sol parezca estar sobre el horizonte, cuando en realidad está debajo de este" (*JFB Commentary*). Aunque Dios pudo haber desacelerado la rotación de la tierra y así darle el tiempo extra que Josué necesitaba para terminar lo que comenzó (10:14).

## IV. La terminación

"Y cuando el sol se iba a poner, mandó Josué que los
quitasen de los maderos, y los echasen en la cueva donde
se habían escondido; y pusieron grandes piedras a la
entrada de la cueva, las cuales permanecen hasta hoy"
(10:27).

## "Ha hecho paz con Josué"  115

Los cinco reyes amorreos huyeron y se escondieron en una cueva en Maceda (10:16), mientras Josué regresaba a Gilgal (10:17). Josué hizo tapar la entrada a la cueva y la custodió (10:18), mientras el conquistador acababa con los enemigos (10:19, 20). Con Josué el pueblo regresó *"sano y salvo"* (10:21). Leemos. *"no hubo quien moviese su lengua contra ninguno de los hijos de Israel"* (10:22). Siempre había murmuradores. Los que hablan de más, los que son miembros activos del "Comité de las críticas". Pero ante aquella aplastante victoria nadie se atrevió a decir nada negativo.

De la cueva sacaron a los cinco reyes amorreos: *"Entonces dijo Josué: Abrid la entrada de la cueva, y sacad de ella a esos cinco reyes. Y lo hicieron así, y sacaron de la cueva a aquellos cinco reyes: al rey de Jerusalén, al rey de Hebrón, al rey de Jarmut, al rey de Laquis y al rey de Eglón"* (10:22, 23).

Luego Josué ordenó a los oficiales del ejército poner los pies sobre sus cuellos: *"Y cuando los hubieron llevado a Josué, llamó Josué a todos los varones de Israel, y dijo a los principales de la gente de guerra que habían venido con él: Acercaos, y poned vuestros pies sobre los cuellos de estos reyes. Y ellos se acercaron y pusieron sus pies sobre los cuellos de ellos"* (10:24).

Esa ilustración la podemos tomar como una representación de que el enemigo está aplastado bajo el pie de Jesucristo y el pie de la Iglesia. Implica la posición de autoridad que tenemos como Iglesia.

En 1 Corintios 15:25-27 leemos: *"Porque preciso es que él reine hasta que haya puesto a todos sus enemigos debajo de sus pies. Y el postrer enemigo que será destruido es la muerte. Porque todas las cosas las sujetó debajo de sus pies. Y cuando dice que todas las cosas han sido sujetadas a él, claramente se exceptúa aquel que sujetó a él todas las cosas".*

En esa acción Josué estaba enseñando a sus hombres a no temer, ni atemorizarse, sino a ser fuertes y valientes ante la presencia de los enemigos: *"Y Josué les dijo: No temáis, ni os atemoricéis; sed fuertes y valientes, porque así hará Jehová a todos vuestros enemigos contra los cuales peleáis"* (10:25).

Líder, con tu ejemplo, anima a otros a actuar y a esforzarse. Déjales saber que no estamos aplastados por el pie del enemigo, sino que el enemigo está aplastado por el pie de nuestro Señor Jesucristo.

Al terminar, Josué los ajustició y los hizo colgar en cinco maderos hasta caer la noche y antes del sol ponerse los echaron en la cueva y la sellaron con piedras: *"Y después de esto Josué los hirió y los mató, y los hizo colgar en cinco maderos; y quedaron colgados en los maderos hasta caer la noche. Y cuando el sol se iba a poner, mandó Josué que los quitasen de los maderos, y los echasen en la cueva donde se habían escondido; y pusieron grandes piedras a la entrada de la cueva, las cuales permanecen hasta hoy"* (10:26, 27).

Como en otras ocasiones el autor de Josué declara: *"y pusieron grandes piedras a la entrada de la cueva, las cuales permanecen hasta hoy"* (10:27).

Los versículos 28 al 41 describen una cadena de victorias logradas por el conquistador Josué:

*"En aquel mismo día tomó Josué a Maceda, y la hirió a filo de espada, y mató a su rey; por completo los destruyó, con todo lo que en ella tenía vida, sin dejar nada; e hizo al rey de Maceda como había hecho al rey de Jericó.*

*Y de Maceda pasó Josué, y todo Israel con él, a Libna; y peleó contra Libna; y Jehová la entregó también a ella y a su rey en manos de Israel; y la hirió a filo de espada, con todo lo que en ella tenía vida, sin dejar nada; e hizo a su rey de la manera como había hecho al rey de Jericó.*

*Y Josué, y todo Israel con él, pasó de Libna a Laquis, y acampó cerca de ella, y la combatió; y Jehová entregó a Laquis en mano de Israel, y la tomó al día siguiente, y la hirió a filo de espada, con todo lo que en ella tenía vida, así como había hecho en Libna.*

*Entonces Horam rey de Gezer subió en ayuda de Laquis; mas a él y a su pueblo destruyó Josué, hasta no dejar a ninguno de ellos.*

*De Laquis pasó Josué, y todo Israel con él, a Eglón; y acamparon cerca de ella, y la combatieron; y la tomaron el mismo día, y la hirieron a filo de espada; y aquel día mató a todo lo que en ella tenía vida, como había hecho en Laquis.*

*Subió luego Josué, y todo Israel con él, de Eglón a Hebrón, y la combatieron. Y tomándola, la hirieron a filo de espada, a su rey y a todas sus ciudades, con todo lo que en ella tenía vida, sin dejar nada; como había hecho a Eglón, así la destruyeron con todo lo que en ella tenía vida.*

*Después volvió Josué, y todo Israel con él, sobre Debir, y combatió contra ella; y la tomó, y a su rey, y a todas sus ciudades; y las hirieron a filo de espada, y destruyeron todo lo que allí dentro tenía vida, sin dejar nada; como había hecho a Hebrón, y como había hecho a Libna y a su rey, así hizo a Debir y a su rey.*

*Hirió, pues, Josué toda la región de las montañas, del Neguev, de los llanos y de las laderas, y a todos sus reyes, sin dejar nada; todo lo que tenía vida lo mató, como Jehová Dios de Israel se lo había mandado. Y los hirió Josué desde Cades-barnea hasta Gaza, y toda la tierra de Gosén hasta Gabaón".*

En el versículo 42 leemos: *"Todos estos reyes y sus tierras los tomó Josué de una vez; porque Jehová el Dios de Israel peleaba por Israel".* El

## "Ha hecho paz con Josué"

secreto de las conquistas del conquistador y de los conquistadores era que Dios peleaba por Israel, su Dios era guerrero. ¡Dios hace ganar a los conquistadores! ¡Dios los ayuda en sus conquistas para no ser conquistados! Después de esa prolongada campaña de conquistas, el conquistador y los conquistadores regresaron *"al campamento en Gilgal"* (10:43). Los conquistadores regresan siempre al campamento del pacto.

### Conclusión

(1) El conquistador nunca se sorprenderá cuando los enemigos se unan para atacar a alguien cerca de este.

(2) El conquistador ayudará a aquellos que han hecho alianza con él, saliendo en su defensa.

(3) El conquistador no pelea solo, tiene a Dios a su favor.

(4) El conquistador nunca deja una tarea o misión a mitad, la termina y se regresa al campamento.

# "QUEDA AÚN MUCHA TIERRA POR POSEER"

"Siendo Josué ya viejo, entrado en años, Jehová le dijo: Tú eres ya viejo, de edad avanzada, y queda aún mucha tierra por poseer" (Jos. 13:1).

## Introducción

El capítulo 13:1-13 nos ofrece un informe del territorio que no se había conquistado y de la división del territorio ya conquistado entre nueve tribus en la Cisjordania y la media tribu de Manasés (13:7); las otras tribus como los rubenitas, los gaditas y la media tribu de Manasés ya habían recibido su territorio en la Transjordania (13:8).

El capítulo 13:14-32 rinde el informe del territorio dado a los gaditas, rubenitas y la media tribu de Manasés. Los levitas no tuvieron territorio por su función espiritual (13:14), pero habitaron mayormente en las ciudades establecidas para ellos (21:1-41).

## I. La edad

"Siendo Josué ya viejo, entrado en años" (13:1).

Josué murió a la edad de ciento diez años: *"Después de estas cosas murió Josué hijo de Nun, siervo de Jehová, siendo de ciento diez años"* (24:29). Probablemente oscilaba en esta ocasión entre 85 años (cp. 14:7, 10) y 100 años de edad. El conquistador llegó a viejo pero todavía mantenía esa visión, ese sueño y ese propósito que Dios le había implantado.

Nosotros podemos envejecer, ponernos viejos, entrar en años pero el sueño, la visión y el propósito de Dios siempre nos mantienen jóvenes en el *alma–espíritu*. Josué se mantuvo programado de manera positiva para la conquista *"entrado en años"*, pero entrado en la visión. Los hombres y mujeres de Dios llegan a viejos con la misma visión del reino.

Nunca hizo planes para retirarse del ministerio, a él lo retiraría Dios. Hombres y mujeres con espíritu de conquistadores, que han sido parte de una generación de cambios, envejecen por fuera pero rejuvenecen por dentro.

Desde luego el conquistador tiene que prepararse para la edad de oro, la tercera edad, debe aprovechar bien el regalo de la juventud, conquistar todo lo que pueda para cuando lleguen aquellos años de dificultad, de carencia de fuerzas, de falta de energías, de depender más de otros, poder hacer frente a los retos de la vida con gracia y dignidad.

Muchos hombres y mujeres de Dios dejan pasar su estación de primavera y su estación de verano y les llega el otoño (con sus hojas caídas y sus ramas sin follaje) y piensan en hacer alguna conquista para Dios; pero son sorprendidos por el invierno (frío) sin haber logrado nada. Pasaron los tiempos como visionarios y soñadores, pero no fueron "actualizadores" ni realizadores.

En 1 Crónicas 12:32 leemos: *"De los hijos de Isacar, doscientos principales, entendidos en los tiempos, y que sabían lo que Israel debía hacer, cuyo dicho seguían todos sus hermanos"*.

Los conquistadores conocen y son *"entendidos en los tiempos"* de Dios para ellos y para su generación. Ellos coinciden con las estaciones de Dios. No están fuera de tiempo ni fuera de estación.

¡El visionario actualiza y el soñador realiza! ¡Sueña, pero trabaja duro hasta ver tu sueño cumplido! ¡Propónte conquistar, pero muévete a conquistar! ¡Haz planes, pero impleméntalos! ¡Márcate metas, pero esfuérzate en alcanzarlas! Muchos dicen "quiero", pero no dicen "hago". Esos son los que llegan a viejos e hicieron poco o nada por el reino de Dios y por el Señor Jesucristo.

¿De qué nos lamentaremos cuando lleguemos a viejos? ¿Llegaremos a viejos realizados, satisfechos y contentos por haber dejado que Dios cumpliera su propósito en nosotros? ¿Seremos viejos aburridos, molestos por todo y molestando a todos?

## II. La comunión

"Jehová le dijo: Tú eres ya viejo, de edad avanzada" (13:1b).

## "Queda aún mucha tierra por poseer"

Dios también se reserva el derecho de opinar acerca de sus ministros, de los creyentes, de los que ha llamado; y en este caso Dios llamó *"viejo"* y bien *"viejo"* a Josué el conquistador: *"Tú eres ya viejo, de edad avanzada".* Llegará el día cuando Dios nos tendrá que decir: *"Tú eres ya viejo".* Mi amada madre, Georgina A. Bermúdez, cuando me ve después de algún tiempo, me dice con cariño: "Te estás poniendo viejo". Y Dios un día nos dirá: *"Tú eres ya viejo, de edad avanzada".* Dios reconoce lo que somos pero son muchos los que no quieren reconocer lo que son y opinan de sí mismos lo que en realidad no es. Seamos sinceros. Aceptemos la realidad de lo que somos. La edad de oro debe aceptarse como una edad de bendición regalada por Dios.

Lo interesante es que aunque Dios llamó a Josué *"viejo",* le está hablando, le está revelando su Palabra. Esto indica que Josué ya *"viejo"* en edad, mantuvo una buena relación con Dios, supo cultivar y mantener una prolongada comunión con Dios. Cuanto más *"viejo"* era, más amaba y buscaba a Dios.

Aunque su sistema auditivo le fallara un poco, tenía oídos en el *alma-espíritu* para Dios, por eso lo podía oír y Dios le podía hablar. Dios habla a los viejos que hablan con Él. Josué llegó a *"viejo"* pero no se quedó sordo espiritualmente.

¿Estamos nosotros dispuestos a aceptar las opiniones de Dios? ¿Nos ofenderíamos con Dios si nos dijera alguna verdad que no quisiéramos escuchar? ¿Cómo reaccionaríamos si Dios nos dijera: *"Tú eres..."*?

### III. La conquista
"y queda aún mucha tierra por poseer" (13:1c).

Josué conquistó mucho pero no lo conquistó todo. Para el Señor Jesucristo hacemos muchas cosas pero no lo hacemos todo. Nunca haremos todo lo que Dios espera de nosotros.

Dios procedió a darle a Josué un inventario de todos los territorios que él y su ejército no habían conquistado:
*"Esta es la tierra que queda: todos los territorios de los filisteos, y todos los de los gesureos; desde Sihor, que está al oriente de Egipto, hasta el límite de Ecrón al norte, que se considera de los cananeos; de los cinco príncipes de los filisteos, el gazeo, el asdodeo, el ascaloneo, el geteo y el ecroneo; también los aveos; al sur toda la tierra de los cananeos, y Mehara, que es de los sidonios, hasta Afec, hasta los límites del amorreo; la tierra de los giblitas, y todo el Líbano hacia donde sale el sol, desde*

Baal-gad al pie del monte Hermón, hasta la entrada de Hamat; todos los que habitan en las montañas desde el Líbano hasta Misrefotmaim, todos los sidonios; yo los exterminaré delante de los hijos de Israel; solamente repartirás tú por suerte el país a los israelitas por heredad, como te he mandado" (13:2-6).

Dios le dijo: *"Esta es la tierra que queda"* (13:2). No pensemos que nosotros lo podremos hacer todo, siempre quedará algo. Cada día preguntémonos: "¿Qué queda aún?" "¿Qué no hemos hecho?" "¿Qué nos falta todavía?"

La conquista nunca terminará para una generación de cambio, de turno, de relevo. Nos queda mucho todavía *"por poseer"*. Son muchos los esquemas que tienen que romperse. No nos podemos sentir satisfechos con los logros alcanzados, con los proyectos realizados, con los sueños cumplidos, con las conquistas logradas. *"Y queda aún mucha tierra por poseer"*.

Los conquistadores morirán pensando en lo que nunca conquistaron. Mi amigo el Rdo. José Guadalupe Reyes, del ministerio *"Luz A Las Naciones"* en Misión, Texas, visionario sobresaliente, ha sido un conquistador incansable, pero no bien termina una conquista ya está planificando la próxima. Eso es lo que diferencia a un líder conquistador.

Pero si no conquistamos cuando tenemos la juventud y el tiempo como aliados, llegaremos a viejos con todo por conquistar. Dios dijo a Josué: *"y queda aún mucha tierra por poseer"*. Y eso lo debió haber alegrado que no era *"toda la tierra por poseer"*. Como generación de cambio Josué hizo su parte y eso le daba satisfacción humana y espiritual. ¡No le falló a Dios en su generación! ¡Hizo su trabajo! ¡Cumplió con la mayor parte de la tarea! Fue hombre de propósito realizado.

La Iglesia de Jesucristo ha poseído mucho, pero aún le queda mucho más por poseer. Tiene que hacer más presencia en los medios de comunicación masivos. Tiene que ser una voz vital en los asuntos sociales. Tiene que implicarse más en las necesidades de la comunidad.

Su visión es el mundo y su misión es hacia la gente. Su consigna debe ser: *"queda aún mucha tierra por poseer"*. La Iglesia jamás debe perder su cosmovisión misionera y su pasión evangelizadora. El mundo es el campo de trabajo para la Iglesia. La pastoral debe trascender las cuatro paredes, para ser un pastor y una congregación de la comunidad. El tamaño de una congregación se mide por el alcance comunitario.

No es lo que hemos llegado a poseer, sino lo que aún nos queda por poseer, el territorio que todavía nos invita a conquistarlo.

"Queda aún mucha tierra por poseer"

Entretanto que llegamos a viejos vamos a conquistar y conquistaremos. Conquistemos para no ser conquistados. Derrotemos para no ser derrotados. Venzamos para no ser vencidos.

## Conclusión

(1) El conquistador llegará a viejo pero nunca envejecerá su espíritu de conquista.

(2) El conquistador llegará a viejo pero siempre en comunión con Dios.

(3) El conquistador cuando haya conquistado todo, todavía le falta por conquistar.

# "TODAVÍA ESTOY TAN FUERTE"

"Todavía estoy tan fuerte como el día que Moisés me envió; cual era mi fuerza entonces, tal es ahora mi fuerza para la guerra, y para salir y para entrar" (Jos. 14:11).

## Introducción

Acompañado por miembros de la tribu de Judá a la cual pertenecía Caleb le recordó a Josué lo dicho por Moisés en Cades-barnea (14:6, 7), y de su informe que motivó hacia la conquista de Canaán. (14:7, 8) Moisés prometió a él y a los suyos, como herencia, el territorio de Hebrón (14:9).

Esa promesa la recibió Caleb a la edad de cuarenta años (14:7), ya habían pasado cuarenta y cinco años y Caleb se siente con fuerzas para dirigir la conquista de Hebrón (14:11-12).

Josué le dio el derecho de la promesa de Hebrón a Caleb y llegó a ser de él (14:13-15). Caleb representa la generación de oro, que siempre reclama las promesas que se le han dado y defiende sus derechos humanos.

## I. La integridad

"Yo era de edad de cuarenta años cuando Moisés siervo de Jehová me envió de Cades-barnea a reconocer la tierra; y yo le traje noticias como lo sentía en mi corazón" (14:7).

Caleb se presenta con una delegación o representación de la tribu de Judá a Josué y le declara: *"Tú sabes lo que Jehová dijo a Moisés, varón de Dios, en Cades-barnea, tocante a mí y a ti"* (14:6).

De los diez espías que fueron a observar la tierra de Canaán, diez trajeron un informe negativo, de no se puede, de imposibles, de perderemos: *"Y les contaron, diciendo: Nosotros llegamos a la tierra a la cual nos enviaste, la que ciertamente fluye leche y miel; y este es el fruto de ella. Mas el pueblo que habita aquella tierra es fuerte, y las ciudades muy grandes y fortificadas; y también vimos allí a los hijos de Anac. Amalec habita el Neguev, y el heteo, el jebuseo y el amorreo habitan en el monte, y el cananeo habita junto al mar, y a la ribera del Jordán"* (Nm. 13:27-29).

Los diez espías negativos hablaron en contra de la actitud de Caleb: *"Mas los varones que subieron con él, dijeron: No podremos subir contra aquel pueblo, porque es más fuerte que nosotros. Y hablaron mal entre los hijos de Israel, de la tierra que habían reconocido, diciendo: La tierra por donde pasamos para reconocerla, es tierra que traga a sus moradores; y todo el pueblo que vimos en medio de ella son hombres de grande estatura. También vimos allí gigantes, hijos de Anac, raza de los gigantes, y éramos nosotros, a nuestro parecer, como langostas; y así les parecíamos a ellos"* (Nm. 13:31-33).

Pero Josué y Caleb resistieron el ataque verbal y dieron un mensaje positivo y alentador (Nm. 14:7-9). Cerraron sus argumentos diciendo: *"Por tanto, no seáis rebeldes contra Jehová, ni temáis al pueblo de esta tierra; porque nosotros los comeremos como pan; su amparo se ha apartado de ellos, y con nosotros está Jehová; no los temáis"* (Nm. 14:9).

Caleb reclamó ante Josué que fue él quien le habló con el corazón a Moisés: *"Y yo le traje noticias como lo sentía en mi corazón"* (14:7). Una persona íntegra es una que no tiene el corazón dividido, no divide sus opiniones, ni divide sus sentimientos, sino que expresa lo que tiene en el corazón.

La generación de Caleb, al igual que la generación de Josué, es una generación de cambio que produce cambios. Son una generación de integridad, que hablan siempre lo que sienten en el corazón y traen buenas noticias.

Leemos lo dicho por Caleb y que bien recordaba Josué: *"Y mis hermanos, los que habían subido conmigo, hicieron desfallecer el corazón del pueblo; pero yo cumplí siguiendo a Jehová mi Dios"* (14:8).

Caleb no seguía a la multitud, Caleb obedecía a Dios, seguía a Dios y hacía la voluntad de Él. El conquistador no busca ser popular, aunque eso signifique que lo pongan en una posición de impopularidad. No busca el aplauso de la gente, sino la aprobación de Dios. Aunque lo degraden de su posición, busca la promoción de Dios. Él o ella buscan hacer la voluntad de Dios.

## II. La promesa

"Entonces Moisés juró diciendo: Ciertamente la tierra que holló tu pie será para ti, y para tus hijos en herencia perpetua, por cuanto cumpliste siguiendo a Jehová mi Dios" (14:9).

La generación de Caleb, que es la generación de los conquistadores al llegar a la edad de la jubilación, del retiro laboral, se ha realizado totalmente; es una generación que sabe reclamar para ellos y los suyos las promesas que vienen de parte de Dios. Caleb pidió que se honrara la palabra de Moisés hacia él. Ya habían trascurrido cuarenta y cinco años, Caleb era un anciano octogenario y le habló a Josué, otro octogenario o nonagenario, pero él nunca olvidó quien le prometió y lo que le prometió. Y ahora le llegó el tiempo, demorado pero no tarde, de que reclamara su promesa y la de los suyos.

Moisés le dio derecho a la tierra de Hebrón y la razón fue: *"por cuanto cumpliste siguiendo a Jehová mi Dios"* (14:9). Esas palabras eran su título de propiedad.

Caleb llegó a *"viejo"* con la visión de una promesa todavía sin cumplir. Pero su edad no le impidió que la reclamara. Muchas promesas de Dios las veremos ya viejos y las gozarán los nuestros, nuestros hijos, nuestras futuras generaciones. La generación de cambios y de cambio vive reclamando promesas. Pidiendo lo que les corresponde. Haciendo cumplir la palabra que se le empeñó.

¿Qué promesas está reclamando la generación de Caleb en nuestra sociedad?

(1) Más atención y mejores servicios médicos.
(2) Más cuidado personal y mejores programas de asistencia social.
(3) Más beneficios para un retiro justo y placentero.
(4) Más respeto en el trato que se le da y un mejor trato social.
(5) Más oportunidades de vivienda que responda a sus recursos limitados.

¿Qué promesas espera la generación de Caleb en la comunidad eclesiástica?
(1) Programas diarios de cuidado y entretenimiento.
(2) Participación para ellos.
(3) Reconocimiento de su potencialidad en la vida comunitaria de la iglesia.

(4) Consejería más contextualizada a los problemas que enfrentan.
(5) Un ministerio que tenga lugar para ellos.

## III. El derecho

"Josué entonces le bendijo, y dio a Caleb hijo de Jefone a Hebrón por heredad" (14:13).

Caleb llegó a viejo con fuerza suficiente. Le dijo a Josué: *"Todavía estoy tan fuerte como el día que Moisés me envió; cual era mi fuerza entonces, tal es ahora mi fuerza para la guerra, y para salir y para entrar"* (14:11).

Su cuerpo había envejecido, pero no su corazón, tampoco su mente y menos su voluntad. Aunque por fuera envejecemos físicamente, por dentro rejuvenecemos espiritualmente. Douglas MacArthur dijo: "La vejez no es simplemente la edad cronológica de la vida, sino un estado del espíritu humano. Se es viejo cuando se deja de soñar".

Aquel anciano Caleb todavía tenía algo que contribuir en la sociedad de sus hijos. La jubilación para él no significaba impotencia, reclusión social, invernar dentro de su casa, exilio involuntario, ostracismo social, vegetar de manera intelectual. Era un anciano activo que podía todavía aportar mucho a su sociedad y a la congregación de Israel.

Leemos: *"Dame, pues, ahora este monte, del cual habló Jehová aquel día; porque tú oíste en aquel día que los anaceos están allí, y que hay ciudades grandes y fortificadas. Quizá Jehová estará conmigo, y los echaré, como Jehová ha dicho"* (14:12).

Caleb reclamó su derecho, pidió lo que era de él, no tuvo miedo a los obstáculos y enfrentaría cualquier oposición para conquistar lo que era la visión y el propósito de Dios para él. La generación de Caleb pide porque tiene derecho. ¡No se retira para Dios! Está siempre en espera de una nueva asignación y de una nueva misión. Es la generación de misión posible, no la generación de misión imposible.

Él se encontraba positivo, decidido, optimista y determinado *"y los echaré"*. A muchos ancianos siempre los están echando: los echan del trabajo, los echan de la casa, los echan de la familia. Caleb sabía lo que quería y cómo lo quería. A pesar de su edad sería el conquistador y no el conquistado. Él echaría para no ser echado: *"y los echaré"*.

Pero lo que más lo impulsaba era la compañía y protección

# "Todavía estoy tan fuerte"

divina: *"como Jehová ha dicho"*. Su secreto para la conquista era Dios. La fe y la esperanza de Caleb se anclaban en la Palabra de Dios: *"Jehová ha dicho"*.

Leemos: *"Josué entonces le bendijo, y dio a Caleb hijo de Jefone a Hebrón por heredad"* (14:13). Recibió lo que reclamó, no se fue con las manos vacías. De su amigo Josué, otro conquistador, recibió la bendición y la promesa. Un anciano le cambió la historia a toda la familia, se hizo bendición para todos ellos.

La bendición de Josué fue la bendición de la autoridad espiritual, del líder en turno puesto por Dios. La bendición de aquel que representa el gobierno de Dios libera, endosa y autoriza al que es llamado a desarrollar una misión. Muchos hoy día funcionan en ministerios y proyectos fracasados porque operan fuera de la bendición de su líder.

## Conclusión

(1) El conquistador será siempre respaldado por su integridad.

(2) El conquistador desde joven valoriza las promesas de Dios y aunque llegue a anciano nunca verá que es tarde para reclamarlas.

(3) El conquistador sabe lo que quiere y cómo lo quiere.

# "CONCÉDEME UN DON"

"Y ella respondió: Concédeme un don; puesto que me has dado tierra del Neguev, dame también fuentes de aguas. El entonces le dio las fuentes de arriba, y las de abajo" (Jos. 15:19).

## Introducción

En el capítulo 15:13-19 se completa el relato del reclamo territorial exigido por el octogenario Caleb, al que vemos ocupando el territorio de la promesa.

Caleb desalojó de Hebrón a la raza de gigantes, hijos de Anac, llamados Sesai, Ahimán y Talmai (15:14). Luego tomó posesión de la ciudad de Debir, hazaña realizada por Otoniel, quien según el libro de Jueces llegó a ser el primer juez de Israel y Caleb lo recompensó haciéndolo su yerno (15:16-19 cp. Jue. 1:11-15).

Otoniel persuadió a la hija de Caleb que le pidiera tierra de cultivo y esta le rogó al padre por un don y él se lo concedió con tierras con *"fuentes de agua"* (15:18, 19).

## I. La campaña

"Y Caleb echó de allí a los tres hijos de Anac, a Sesai, Ahimán y Talmai, hijos de Anac" (15:14).

Dios le habló a Josué y le ordenó darle a Caleb lo que Moisés le había prometido. Leemos: *"Mas a Caleb hijo de Jefone dio su parte entre los hijos de Judá, conforme al mandamiento de Jehová a Josué; la ciudad de Quiriat-arba padre de Anac, que es Hebrón"* (15:13).

Josué honró la palabra de Moisés a Caleb. La generación de

## Josué el conquistador

Josué, la del conquistador, es una generación de palabra, que honra acuerdos previos hechos por su antecesor. Lamentablemente hoy día, la política secular ha afectado tanto las políticas de los ministerios o instituciones, que cuando sale un líder de posición, los acuerdos previos para la dirección de estos, se echan por tierra al asumir la dirección el nuevo líder.

Muchos líderes evangélicos son más políticos que los mismos políticos. La santidad en muchas instituciones evangélicas se ha estado perdiendo. Tenemos individuos santos en instituciones que han dejado de ser santas. Jesucristo quiere hombres y mujeres santos, pero quiere también instituciones santas. El engaño, la intriga, las mentiras, la hipocresía, el orgullo institucional y un legalismo destructivo, son llagas en muchas organizaciones. Muchos líderes con una careta de "santo el enmascarado" son como los antiguos faraones destruyendo lo que otro construyó o cambiándo los nombres a los cartuchos (eran jeroglíficos con el nombre del faraón en forma de cilindros). El faraón Ramsés II se distinguió por esta conducta: borraba lo marcado por otros para marcar él.

El conquistador nunca arruinará la reputación de su antecesor. Con su propia palabra honrará la palabra de aquel aunque haya fallecido. Moisés le dio una promesa a Caleb, este la reclamó y Josué la cumplió. (En la parte interior de nuestro templo tenemos a un lado la fotografía de mi antecesor como pastor, el Rdo. Dr. Juan Ortiz, y cerca la fotografía mía y de mi esposa, para enseñar a los miembros de la IPJQ que al líder se le honra.)

El conquistador también respetará a otro conquistador. Josué se cuidó de ayudar a Caleb, ambos hijos de una generación de cambios, movida por el espíritu de la conquista. ¡Ancianos de propósito! ¡Ancianos realizados!

Los diez espías que desacreditaron a Canaán y que hicieron murmurar contra Moisés murieron de plaga, solo Josué y Caleb vivieron: *"Y los varones que Moisés envió a reconocer la tierra, y que al volver habían hecho murmurar contra él a toda la congregación, desacreditando aquel país, aquellos varones que habían hablado mal de la tierra, murieron de plaga delante de Jehová. Pero Josué hijo de Nun y Caleb hijo de Jefone quedaron con vida, de entre aquellos hombres que habían ido a reconocer la tierra"* (Nm. 14:36-38).

El mensaje desalentador de los no conquistadores fue: *"También vimos allí gigantes, hijos de Anac, raza de los gigantes, y éramos nosotros, a nuestro parecer, como langostas; y así les parecíamos a ellos"* (Nm. 13:33).

Ya anteriormente habían declarado: *"y también vimos allí a los*

## "Concédeme un don" 133

*hijos de Anac"* (Nm. 13:28). Desde el principio ya se habían dejado intimidar por los gigantes de Anac.

Los diez espías vieron a tres gigantes, tres hombres más grandes que cualquiera que jamás hubieran visto. ¡Y lo eran! Esa realidad no se podía negar, cuando un problema es gigante no se le puede negar la estatura, ellos eran tres problemas gigantes que estaban juntos y tenían que enfrentarse a la vez. Pero los diez espías no tenían corazones de conquistadores y por eso ya se habían dejado conquistar por los gigantes de Anac.

Los no conquistadores verán siempre "gigantes", verán derrotas, verán imposibles, verán fracasos, verán problemas. Los conquistadores verán victorias, verán conquistas, verán soluciones; verán "uvas", verán "granadas" y verán "higos" (Nm. 13:23). Las "uvas" representan el "gozo"; las "granadas" representan las "bendiciones" y los "higos" representan las "promesas".

Pero los conquistadores Josué y Caleb tenían un espíritu más alentador, veían solución para aquellos gigantescos problemas. Declararon: *"porque nosotros los comeremos como pan"* (Nm. 14:9).

Los conquistadores redujeron aquellos enormes problemas humanos a simples trozos de pan que se podían comer. En vez de que los problemas acabaran con ellos, ellos acabarían comiéndose los problemas como si fueran pan. El problema puede ser un gigante o puede ser *"como pan"*, eso depende de nuestra óptica espiritual. Podemos ver un problema o podemos ver una solución.

Leemos: *"Y Caleb echó de allí a los tres hijos de Anac, a Sesai, Ahimán y Talmai, hijos de Anac"* (15:14). En Jueces 1:20 leemos: *"Y dieron Hebrón a Caleb, como Moisés había dicho; y él arrojó de allí a los tres hijos de Anac".*

Lo que diez hombres negativos, pesimistas sin corazón de conquistador vieron como imposible en el pasado, un anciano de ochenta y cinco años con corazón de conquistador lo vio como posible. Uno contra tres pudo más que diez contra tres, porque era un conquistador.

A los ochenta y cinco años Caleb *"echó"* y *"arrojó"* aquellos tres gigantes problemas reconocidos e identificados por sus nombres (*Sesai, Ahimán y Talmai*) y con su raíz o causa llamada Anac.

¿Cómo se llaman tus gigantes? ¿Cuántos gigantes te esperan en Hebrón? ¿Cómo se llama el padre de tus gigantes? Comienza a identificar tus gigantes y planifica cómo los habrás de echar de tu territorio.

A los ochenta y cinco años de edad, Caleb se desayunó aquellos gigantes como tres pedazos de pan. Con Josué dijo: *"nosotros los comeremos como pan*". Y cuarenta y cinco años después se los comió "*como pan*". Era pan viejo, pero así se lo comió Caleb.

## II. La continuación

"Y dijo Caleb: Al que atacare a Quiriat-sefer, y la tomare, yo le daré mi hija Acsa por mujer" (15:16).

El conquistador Caleb sentó un ejemplo como generación de cambio a la otra generación sucesora. El conquistador dio ejemplo a los más jóvenes de que se podía conquistar.

Él conquistó a Quiriat-arba (Hebrón) y ahora exhorta y motiva a la conquista de Quiriat-sefer (Debir). El conquistador conquista pero quiere que otros también conquisten.

Había una recompensa para cualquiera que tuviera corazón de conquistador. A ese conquistador en potencia Caleb le daría su hija Acsa por mujer, sería su suegro, lo haría parte de la familia. Quería un conquistador para su hija. ¡Un hombre de corazón grande!

¿Dónde están esos con corazón de conquistador? Allí se presentó un voluntario, su nombre: "*Otoniel, hijo de Cenaz, hermano menor de Caleb*" (Jue. 1:13).

Aquel intrépido, temerario, conquistador en potencia llamado Otoniel era su propio sobrino (15:17 cp. Jue. 1:13). Este conquistó a Quiriat-sefer (Debir). Cuando el conquistador ya no puede conquistar anima y estimula a otros para conquistar. Busca siempre tener un sucesor en las conquistas.

Es interesante saber que Otoniel llegó a ser el primer juez de Israel, fue generación de transición: "*Hicieron, pues, los hijos de Israel lo malo ante los ojos de Jehová, y olvidaron a Jehová su Dios, y sirvieron a los baales y a las imágenes de Asera. Y la ira de Jehová se encendió contra Israel, y los vendió en manos de Cusan-risataim rey de Mesopotamia; y sirvieron los hijos de Israel a Cusan-risataim ocho años. Entonces clamaron los hijos de Israel a Jehová; y Jehová levantó un libertador a los hijos de Israel y los libró; esto es, a Otoniel hijo de Cenaz, hermano menor de Caleb. Y el Espíritu de Jehová vino sobre él, y juzgó a Israel, y salió a batalla, y Jehová entregó en su mano a Cusan-risataim rey de Siria, y prevaleció su mano contra Cusan-risataim. Y reposó la tierra cuarenta años; y murió Otoniel hijo de Cenaz*" (Jue. 3:7-11).

Después de la muerte de Josué el pueblo de Israel cayó en la apostasía: (Jue. 2:1-23).

Los hijos de Israel se volvieron a "los baales y a las imágenes de Asera" (Jue. 3:7). El rey de Mesopotamia esclavizó a Israel por ocho años: "*Y la ira de Jehová se encendió contra Israel, y los vendió*

## "Concédeme un don"   135

*en manos de Cusan-risataim rey de Mesopotamia; y sirvieron los hijos de Israel a Cusan-risataim ocho años"* (Jue. 3:8). Dios les levantó a Otoniel como libertador. Leemos: *"Y el Espíritu de Jehová vino sobre él, y juzgó a Israel, y salió a batalla, y Jehová entregó en su mano a Cusan-risataim rey de Siria, y prevaleció su mano contra Cusan-risataim. Y reposó la tierra cuarenta años; y murió Otoniel hijo de Cenaz"* (Jue. 3:10-11).

### III. La petición

"Y ella respondió: Concédeme un don; puesto que me has dado tierra del Neguev, dame también fuentes de aguas. El entonces le dio las fuentes de arriba, y las de abajo" (15:19).

Otoniel fue de determinación y persistencia, él persuadió a su mujer Acsa para pedirle a Caleb, tierras de cultivo (15:18). Bajando ella del asno antes de partir, su padre Caleb le preguntó: *"¿Qué tienes?"* (15:18). O sea. *"¿En qué te puedo ayudar?" "¿Qué necesitas?" "¿Qué quieres de mí?"*

Acsa le dijo: *"Concédeme un don"* (15:19). Y le pidió en adición a la tierra ya recibida del Neguev, tierra con pozos para poder labrar, sembrar y cultivar. La capital del Neguev es *Beersheva* y ese nombre significa "siete fuentes o manantiales". Y efectivamente, allí hoy día hay siete manantiales, incluyendo el famoso Pozo de Abraham, que este servidor ha visto, y en el Tel Sheva tienen el mayor pozo utilizado en la época romana.

Ella le pidió por un don, un regalo, una petición. ¡Qué necesitas que el Señor Jesucristo te conceda! ¿Qué don en particular anhelas para tu vida? El apóstol Pablo dijo: *"Procurad, pues, los dones mejores. Más yo os muestro un camino aun más excelente"* (1 Co. 12:31). Luego el mismo apóstol Pablo añade: *"Seguid el amor; y procurad los dones espirituales, pero sobre todo que profeticéis"* (1 Co. 14:1).

¡Qué interesante! El hijo del conquistador Caleb había aprendido el secreto de pedir y pidió: *"Concédeme un don"*. Conocía el corazón generoso de su padre Caleb. La generación de Caleb provee para sus hijos, tiene oídos para escuchar las necesidades de estos. Conquista para beneficiar a la generación que le sigue.

Jesucristo es nuestro Caleb conquistador, al cual la Iglesia como Acsa debe pedirle todo don celestial que Él tiene provisto para ella. Acsa fue específica, sabía cuál era el don que pedía. Ella dijo: *"dame también fuentes de aguas"*. Esas *"fuentes de aguas"* eran pozos de agua, tierra con agua para poder sembrar. Para nosotros las "*fuentes de aguas*" representan las bendiciones celestiales, la presencia del Espíritu Santo, la unción manifestada sobre la Iglesia, un tiempo de refrigerio espiritual.

Leemos: "*El entonces le dio las fuentes de arriba, y las de abajo*" (15:19). Por arriba y por abajo había bendiciones. Cuando somos bendecidos, la bendición viene de diferentes direcciones.

## Conclusión

(1) El conquistador tarde o temprano se comerá los gigantes problemas como pan viejo.

(2) El conquistador animará a que en la próxima generación haya siempre un conquistador como sucesor.

(3) El conquistador tendrá oídos para escuchar las peticiones de los hijos.

# "HASTA HOY"

"Mas a los jebuseos que habitaban en Jerusalén,
los hijos de Judá no pudieron arrojarlos;
y ha quedado el jebuseo en Jerusalén con
los hijos de Judá hasta hoy" (Jos. 15:63).

"Pero no arrojaron al cananeo que habitaba en Gezer;
antes quedó el cananeo en medio de Efraín,
hasta hoy, y fue tributario" (Jos. 16:10).

## Introducción

En el primer pasaje (Jos. 15:63) la tribu de Judá hasta el momento del escrito veterotestamentario no pudo arrojar a los jebuseos de su territorio, Jerusalén la capital jebusea fue luego conquistada por el rey David de la tribu de Judá.

La media tribu de Efraín también tuvo problemas para conquistar al cananeo de Gezer, pero logró hacerlo tributario (Jos. 16:10). Los primeros no resolvieron su problema, los segundos negociaron con su problema. A lo largo de su vida, el conquistador se encontrará en situaciones de las cuales no podrá lograr absolutamente nada. Pero habrá situaciones en las que podrá negociar y lograr algo.

## I. La incapacidad

"Mas a los jebuseos que habitaban en Jerusalén, los hijos
de Judá no pudieron arrojarlos; y ha quedado el jebuseo
en Jerusalén con los hijos de Judá hasta hoy"
(Jos. 15:63).

La tribu de Judá fue incapaz de derrotar, someter y arrojar a los jebuseos. Estos habitaban en la fortaleza de Jebús, antes conocida como Salem y en los días del rey David se nombró como Jerusalén.

En nuestra vida enfrentaremos problemas que no podremos solucionar, que siempre estarán presentes. Enfrentaremos gentes difíciles, de las que no podremos separarnos, cuya presencia negativa y malsana la tendremos en nuestros vecindarios; serán nuestros vecinos.

¿Cómo debemos tratar con caracteres difíciles o con personalidades negativas? ¿Cómo reaccionaremos ante sus amenazas? ¿Cuál debe ser nuestro comportamiento ante aquel al que no agradamos? ¿Qué significa para nosotros coexistir con alguien o convivir con alguien a quien no agradamos o no es de nuestro agrado? ¿Hasta dónde en nuestras fronteras un enemigo amenaza nuestra propia seguridad y estabilidad?

Primero, debemos ser *tolerantes*. En la vida muchas cosas no van a cambiar inmediatamente, aunque así lo deseemos y oremos para que cambien. La *tolerancia* nos hace *soportar* (aguantar algo pesado, sostener puertas pesadas), nos haces *sobrellevar* (cargar algo sobre uno). El *tolerante* no es que esté de acuerdo pero se resigna a su presente en espera de un futuro que cambie todo.

Segundo, debemos ser *pacientes*. Esperar de manera resignada, sin dejar que lo que no nos gusta produzca en nosotros un sentido de insatisfacción. Esperar como un paciente enfermo hasta ser curado. La paz del Señor Jesucristo nos debe tranquilizar.

Tercero, debemos ser *vigilantes*. El mejor enemigo es aquel que ya conocemos, el peor enemigo es aquel que se disfraza de amigo pero acaba siendo un traidor y uno que nos entrega o nos extermina. Todo hombre y mujer llamados por nuestro Señor Jesucristo, ha tenido algún Pedro, algún Juan, algún Tomás y algún Judas Iscariote en su ministerio (yo personalmente he tenido varios "Judas Iscariote" en el mío.) Supuestos amigos que en el momento de necesitar su ayuda, nos dan la espalda; que tan pronto ven que su voto puede ayudar se vuelven mercenarios con el mismo. Necesitamos amigos en la desgracia, no amigos de la desgracia.

Un reconocido pastor de una de las congregaciones más grandes de Latinoamérica dijo: "Por cada doce líderes tenemos a un Judas. Yo tengo seis mil miembros, imagínese los Judas que tengo que enfrentar". Según lo expresa, podemos pensar en un cálculo de unos 500 traidores.

Ante la presencia no grata de algún prójimo que está cerca, hay que estar precavidos. No nos podemos descuidar ante él. Jugarán con nuestras emociones, nos darán el beso de la amistad, preten-

## "Hasta hoy" 139

derán que nos aprecian pero son y serán nuestros enemigos. Nos han desterrado de sus corazones. Cuarto, debemos ser *positivos*. "A mal tiempo, buena cara", dice el adagio pueblerino. Una actitud mental positiva ante los desaires, las tormentas emocionales, los huracanes sentimentales, las sorpresas inesperadas y todas aquellas acciones que afligen a cualquier ser humano nos ayudará a enfrentar todo con valor y determinación.

En quinto lugar, debemos ser *cautelosos*. Evitemos provocar confrontaciones y enfrentamientos si no estamos listos para tener bajas. En todo conflicto se gana o se pierde y, aunque ganemos, algo perdemos; y aunque perdamos, algo ganamos: la cautela de la evaluación.

## II. La capacidad

"Pero no arrojaron al cananeo que habitaba en Gezer; antes quedó el cananeo en medio de Efraín, hasta hoy, y fue tributario" (Jos. 16:10).

Este pasaje se podría aplicar de varias maneras. Deseo aplicarlo desde el punto de vista de que el conquistador ha de aprender la lección de la negociación. Cuando no se puede luchar contra el enemigo, tenemos que luchar con el enemigo.

El arte de negociar es importante en todas las instituciones primarias sociales: la familia, el gobierno, la iglesia; y en otras secundarias como: las empresas, el trabajo, las uniones, los negocios, las juntas, las organizaciones.

Los cananeos de Gezer no pudieron ser arrojados por la tribu de Efraín pero estos negociaron con ellos y los hicieron pagar impuestos. Los dejaron allí, limitados en sus acciones, privados de muchos derechos y privilegios y en deuda tributaria con ellos. Se beneficiaron económicamente de ellos.

A nosotros nos pasa igual. En nuestras vidas en vez de acabar y exterminar con malos vicios, malos hábitos y obras de la carne, lo que hacemos es dejarlos tranquilos y que coexistan con el fruto del Espíritu. Es tiempo de limpiarnos para Dios.

Algunos consejos que deseo decirles en el arte de la negociación son:

Primero, negocie con *un contrato claro e inteligible*. Sepa lo que quiere y sepa cómo lo interpreta la otra parte. Defina y aclare los términos y el tiempo de su contrato. Haga responsable a la otra parte de las demandas suyas y de las obligaciones de él. Cuando las cosas no son claras y son ambiguas se prestan a interpretaciones futuras confusas.

Segundo, negocie *protegiendo sus propios intereses*. Ponga usted las condiciones primero y que el otro haga las enmiendas. Toda negociación en el presente debe apuntar hacia los intereses en el futuro. No negocie hoy para perder mañana, negocia hoy, para ganar hoy y ganar mañana. En toda mesa de negociación sus intereses y los de los suyos van primero.

Tercero, negocie en *un marco de justicia humana*. No explote ni abuse de un prójimo que se ha rendido ante su capacidad. Demuéstrele siempre que usted actúa y obra en justicia y no motivado por un espíritu de venganza.

Cuarto, negocie *evaluando siempre las ventajas y desventajas*. Las negociaciones favorecen y desfavorecen. El margen de pérdidas siempre estará presente. Y hemos de ser conscientes de la ley del riesgo en toda negociación. Los resultados imprevistos pueden surgir en cualquier momento.

Quinto, negocie *en espera de que su contraparte un día puede romper la negociación*. Prepárese mental, emocional y espiritualmente, por si ese día le llega.

¡Espere sorpresas! ¡Prepárese para lo imprevisto! ¡No se confíe totalmente en su contraparte! ¡La gente falla mucho y eso incluye a muchos en los cuales confiamos demasiados!

Sexto, negocie *con cuentas claras al día*. Los usos y costumbres establecen precedentes y a la larga ocasionan daños irreparables. Muchos son expertos en el arte de la manipulación, se mueven con hilos de astucia, planifican de manera callada y se arropan con la sábana de la ignorancia.

Mantenga actas claras, informes precisos, memos al día y testigos de acciones. Los descuidos cuestan caros, muchos los detectan y se aprovechan de los mismos. El corazón de muchos se les daña con el poder y la ambición de dinero.

Séptimo, negocie *sin revelar todos sus secretos*. Lo que hoy revelamos, mañana puede ser usado contra ti. Descubre a otros aquellas áreas que tú deseas que otros vean y esconde aquello que será para tu beneficio.

Octavo, negocie *cuidándose de qué habla, cómo habla y de quién habla*. Un dicho común es: "Las paredes tienen oídos". Muchos atesoran informaciones para utilizarlas contra uno mismo en un momento dado; los traidores han sido por lo general los mejores confidentes. Si tienes que decir algo de alguien, no lo digas a cualquiera, díselo a ese alguien. A la larga, ese alguien lo sabrá

"Hasta hoy" 141

y usted o yo quedaremos mal y peor aún porque se añadirá algo que no dijimos.

**Conclusión**
(1) El conquistador debe preparase para aceptar lo que no logrará.

(2) El conquistador debe negociar cuando todos los otros recursos se le han agotado.

# "NOS HA BENDECIDO HASTA AHORA"

"Y los hijos de José hablaron a Josué, diciendo: ¿Por qué nos has dado por heredad una sola suerte y una sola parte, siendo nosotros un pueblo tan grande, y que Jehová nos ha bendecido hasta ahora?" (Jos. 17:14).

## Introducción

Los israelitas en vez de desalojar a los cananeos habiendo tenido la oportunidad, por tributos hicieron convenio con ellos (17:13). Por su parte Efraín y Manasés, las medias tribus de José, reclamaron ante Josué más territorio (17:14). Josué les dio permiso de conquistar el territorio *"de los ferezeos y de los refaítas"* (17:15).

Ellos recalcaron que necesitaban más territorios en la llanura en el valle de Jezreel (conocido hoy día también como valle de Armagedón, valle de Meguido, valle de Esdraelón), y en Bet-seán con sus alrededores, pero era difícil atacar al enemigo que contaba con *"carros herrados"* (17:16).

Josué el conquistador les inyectó el espíritu de conquista diciéndoles: *"Tú eres gran pueblo, y tienes grande poder"* (17:17).

## I. La necesidad

"Y los hijos de José hablaron a Josué, diciendo: ¿Por qué nos has dado por heredad una sola suerte y una sola parte, siendo nosotros un pueblo tan grande, y que Jehová nos ha bendecido hasta ahora?" (17:14).

La tarea de Josué al repartir la tierra conquistada y por conquistar enfrentó reacciones por parte de las tribus. En este caso la tribu de José, cuya heredad estaba dividida con la descendencia de sus hijos Efraín y Manasés, exigió otra parte, ya que habían crecido. Interesante es señalar que las tribus de Efraín y Manasés fueron la multiplicación de la tribu de José. Cuando el patriarca Jacob impuso sus manos sobre los hijos de José (Gn. 48:1-7) cruzando las manos (Gn. 48:18-19), la primogenitura le correspondió a Efraín sobre Manasés, de ahí que el nombre de Efraín el segundo va antes que el del primogénito Manasés (Gn. 19:20). Pero en vez de ser vista esta multiplicación como una bendición étnica, ambas tribus se dividieron en sus preferencias, de tal manera que no se mezclaban la una con la otra. Los de la tribu de Efraín no querían que sus hijos o hijas se casaran con la tribu de Manasés y viceversa. Muchas veces algo similar ocurre en muchos ministerios, que con raíces comunes, productos de una misma visión, criados bajo un mismo ministerio, en vez de verse como complementos unos de otros, se distancian y separan por el orgullo y la competencia. Ministerios dentro de las congregaciones que no promueven la unidad de culto, más bien promueven la separación y la división internas.

Muchos se sienten satisfechos con lo que ya han conquistado y no desean emprender ninguna otra nueva conquista; pero otros como los hijos de Efraín y Manasés, ante las conquistas presentes se proyectan hacia conquistas futuras.

El éxito de muchos es temporal, es de corto plazo pero otros buscan conquistas y extras más allá de lo alcanzado, de lo realizado. No te conformes con lo que has conquistado, conquista todavía más.

Pregunté a un gerente de hotel en Ciudad Victoria, México, lo siguiente: "¿Cuál es la diferencia entre algo ordinario y algo extraordinario?" Mirando y sonriéndose me dijo: "Pastor, la diferencia entre lo ordinario y lo extraordinario es ese "extra". Pon un "extra" a todo lo que dices y haces y verás la gran diferencia".

Esa es una gran realidad. Predica con ese "extra" y tu predicación será extraordinaria. Enseña con ese "extra" y tu enseñanza será extraordinaria. Sirve con ese "extra" y serás un servidor extraordinario. Canta con ese "extra" y serás un cantante extraordinario.

Josué como conquistador graduado fue consciente de las necesidades de *"los hijos de José"*. Tuvo oídos como líder para escucharlos a ellos. ¡Líderes, escuchen al pueblo al cual han sido llamados a servir!

## "Nos ha bendecido hasta ahora"

¡Conquistadores, sean conscientes de las necesidades que otros van teniendo a medida que crecen! El crecimiento presenta la demanda de más espacio operacional, de cambios administrativos, de cambios en el organigrama, de cambios en los programas. Platón decía: "El individuo va antes que el estado". Pero sin el individuo no hay estado.

Cuando una organización o institución deja de responder a las necesidades que surgen del crecimiento, estanca su desarrollo y atrofia su crecimiento.

Las tribus de Efraín y Manasés confesaron ante Josué: *"Jehová nos ha bendecido hasta ahora"*. Se vieron como bendecidos de Jehová. La bendición muchas veces es posición y es posesión. El nivel más alto de la bendición es ser de bendición a otros, el nivel más bajo es de ser bendecido por Dios.

## II. La orden

"Y Josué les respondió: Si sois pueblo tan grande, subid al bosque, y haceos desmontes allí en la tierra de los ferezeos y de los refaítas, ya que el monte de Efraín es estrecho para vosotros" (17:15).

Los efrainitas y los de Manasés reclamaron ser *"un pueblo tan grande"*; y Josué los reafirmó diciendo: *"Si sois pueblo tan grande"*. Luego los animó a ocupar el territorio de *"los ferezeos y de los refaítas"*. Ante el problema de ellos, les presentó una solución. El conquistador a los problemas les descubre las soluciones.

Muchas personas presentan problemas de los cuales no quieren ser parte de la solución. Los problemas serán grandes o pequeños dependiendo de cómo los enfrentamos, cómo los vemos y cómo los evaluamos.

Un día me encontré con un creyente que me dijo: "Pastor, yo soy un problema". A lo que le repuse: "Eso es lo que yo necesito en nuestra congregación, problemas como tú". Ese creyente llegó a ser un líder en nuestra congregación. Hombres y mujeres llenos del Espíritu Santo dan la bienvenida a los problemas no para contemplarlos, sino para resolverlos. El pastor José Malavé, amigo mío, decidió sustituir la palabra "problema" por "situación". En su congregación esa semántica ha cambiado.

Los problemas son señales de que estamos vivos, y en vez de amedrentarnos, frustrarnos, o incapacitarnos nos deben animar a buscar soluciones, a lanzarnos a su conquista. Las cercas de los cementerios nos recuerdan que los que están adentro no pueden salir y los que están afuera no quieren entrar. La buena noticia es que uno está vivo. Todos los que hemos ministrado consejería pastoral a tantos enfermos terminales, que se agarran con fe y esperanza a un hálito de vida, sabemos el valor que tiene la vida. Con calma, paciencia y fe en Dios podemos encontrar la solución a muchos problemas de la vida. ¡Nunca huyas de tus problemas! ¡Enfréntalos! Aquel que se acobarda ante un problema será conquistado por el mismo, en vez de conquistar él al problema. ¡Conquistamos para no ser conquistados! ¡Avanzamos para no quedarnos detenidos! ¡Ocupamos para no ser ocupados! No seamos forasteros de la esperanza, pordioseros de la fe, fugitivos de las situaciones. Luchemos contra la adversidad, derrotemos los ataques negativos y emprendamos el camino hacia la conquista. Los *"ferezeos"* y los *"refaítas"* representan al miedo que no debemos temer. ¡Al miedo no se le puede temer! ¡La fe no se puede poner en duda! La fe es negativa o es positiva. Pero todo el mundo tiene fe.

### III. La reacción

*"Y los hijos de José dijeron: No nos bastará a nosotros este monte; y todos los cananeos que habitan la tierra de la llanura, tienen carros herrados; los que están en Bet-seán y en sus aldeas, y los que están en el valle de Jezreel"* (17:16).

La manera como reaccionamos ante los problemas, determina si los mantenemos o los resolvemos. Podemos ser poseídos por los problemas o poseer los problemas. Podemos levantar los problemas o ser aplastados por los problemas. Tú y yo le damos el peso al problema. ¡Somos una balanza emocional!

Los *"hijos de José"* querían algo más que el monte, ya que era estrecho para ellos. *"Y Josué les respondió: Si sois pueblo tan grande, subid al bosque, y haceos desmontes allí en la tierra de los ferezeos y de los refaítas, ya que el monte de Efraín es estrecho para vosotros"* (17:15).

Por eso se quejaron: *"Y los hijos de José dijeron: No nos bastará a nosotros este monte; y todos los cananeos que habitan la tierra de la llanura, tienen carros herrados; los que están en Bet-seán y en sus aldeas, y los que están en el valle de Jezreel"* (17:16).

Busca siempre más allá de lo que se te ofrece. ¡Confórmate con lo que tienes, pero no te conformes con lo que Dios te quiere

## "Nos ha bendecido hasta ahora"

dar! Tu visión tiene que enfocarse en las necesidades presentes y en las futuras. No pongas límites a tu visión. Jesucristo te quiere promover a otro nivel.

Pero estas tribus se dejaron impresionar, intimidar, amedrentar, por los *"carros herrados"* de los cananeos. Los recursos de otros pueden detenernos en la marcha a la conquista, o pueden impulsarnos al camino de la conquista. En el mercado un producto nuevo o un producto de más calidad que el del otro competidor deben tomarse como un reto para ofrecer o presentar un producto igual o mejor. ¡Mejora lo que tienes!

El fracaso de muchos seres humanos es causado por el temor a enfrentar la competencia. Prefieren mantener seguro lo alcanzado, al extremo de paralizarse, que arriesgarse a perder algo o todo por ganar algo o todo. ¡Solo aquellos que lo arriesgan todo, lo pueden ganar todo!

El conquistador ve la ventaja de su opositor como la oportunidad de aventajar la misma. Desde luego, es importante hacer un inventario de los recursos que poseemos y de los recursos que posee nuestro competidor.

A pesar de la capacidad de los *"ferezeos"* y los *"refaítas"*, que poseían a su favor *"carros herrados"* de combate y estaban en la llanura en el valle de Jezreel en Bet-seán y sus contornos, la necesidad de los *"hijos de José"* era apremiante y tenían que conquistar para no ser conquistados.

### IV. La motivación

"Entonces Josué respondió a la casa de José, a Efraín y a Manasés, diciendo: Tú eres gran pueblo, y tienes grande poder; no tendrás una sola parte" (17:17).

¡Conquistador, motiva a otros para conquistar! Ellos eran un *"gran pueblo"* y tenían *"grande poder"*. En Jesucristo somos un gran pueblo y tenemos gran poder. Josué les afirmó en lo que eran y en lo que tenían. Lo que somos y lo que tenemos determina lo que alcanzaremos.

En la vida triunfan y tienen éxito aquellos que saben quiénes son y saben reconocer el poder que poseen para conquistar en la vida. El producto mayor de tu vida eres tú mismo. ¿Qué eres tú en Dios? ¿Qué tienes tú en Dios?

Muchos vendedores antes de perder una venta, ya han perdido la voluntad de realizar esa venta. Fui agente de seguros con la compañía *John Hancock* (cinco años), y aprendí a verme siempre como un "gran" vendedor y el producto como un "gran" producto. El día que me veía fracasado como vendedor, fracasaba vendiendo el producto. Todos los agentes teníamos de la compañía uno de los mejores seguros y por nuestra parte ya teníamos que haber comprado un seguro de vida por nuestra cuenta de la compañía. La confianza en el producto nos motiva en hacer las ventas. ¡Si el producto era bueno para uno, lo sería para otros! Para el cristiano el producto por excelencia es el evangelio, y Jesucristo es el vendedor por excelencia y nosotros somos sus ayudantes.

Al motivar a otros los ayudamos a reconocer quiénes son y con qué potencialidad cuentan. El ser humano necesita escuchar que hay quienes creen en su potencialidad de triunfar en la vida.

¡Padres, motiven a sus hijos! ¡Empresarios, motiven a sus empleados! ¡Pastores, motiven a sus líderes! ¡Maestros, motiven a sus estudiantes! ¡La motivación impulsa al camino de la conquista!

¡Di a otros lo que son y tienen y llegarán a ser lo que deben ser! ¡Siembra en otros el deseo de la superación y se superarán! Una actitud mental positiva, que no es otra cosa sino fe, motivará a cualquier ser humano a lograr cosas positivas. ¿Qué has conquistado en tu vida y qué te falta por conquistar?

La motivación no es automática, siempre es provocada por alguien o por algo. Cuando alguien cree en ti y en mí, llegaremos a creer lo que creen de nosotros. No somos tan pequeños como nos creemos, en Jesucristo somos *"gran pueblo"* y tenemos *"gran poder"*.

El *"ser"* y el *"tener"* hablan de lo subjetivo y lo objetivo en el ser humano. Todos poseemos la potencialidad del éxito y el triunfo. La negación del *"ser"* y el *"tener"* nos derrota mucho antes que los obstáculos no superados de la vida.

## Conclusión

(1) El conquistador es consciente de las necesidades de otros.

(2) El conquistador ayuda a otros a descubrir la solución a sus problemas.

(3) El conquistador reconoce las ventajas de su opositor o competidor pero buscará superarlas.

(4) El conquistador usa la motivación para despertar en otros el deseo de conquista.

# "AQUEL MONTE SERÁ TUYO"

"Sino que aquel monte será tuyo; pues aunque es bosque, tú lo desmontarás y lo poseerás hasta sus límites más lejanos; porque tú arrojarás al cananeo, aunque tenga carros herrados, y aunque sea fuerte" (Jos. 17:18).

## Introducción

En la exposición anterior, los efrainitas y los de Manasés enfrentaron el problema demográfico de espacio territorial, ante los ferezeos y los refaítas se vieron incapaces de enfrentar su armamento militar.

Josué el conquistador les dio una lección de fe y esperanza, los motivó con el espíritu de la conquista, los animó a conquistar, los hizo reconocer su identidad de pueblo y su poder de conquistadores.

## I. La posesión
"Sino que aquel monte será tuyo" (17:18).

Josué el conquistador profetizó a los descendientes de Efraín y Manasés, hijos de José, diciéndoles: *"Sino que aquel monte será tuyo"*.

Allí mismo les impartió una visión, les declaró una promesa les presentó una meta, les señaló un horizonte. Tenemos que movernos en la vida buscando siempre algo y mirando siempre hacia algo. La visión es la revelación de la voluntad de Dios y el propósito señalado por Dios para un creyente con propósito divino.

No todos los montes serán para nosotros; pero en algún lugar, mirando de cerca o viendo a la distancia, Dios tiene algún "monte" que nos quiere dar y será tuyo o será mío. Para muchos ese *"monte"* es algún terreno que desean comprar, alguna propiedad que necesitan para la iglesia, algún proyecto que desean implementar, algún programa que quieren desarrollar. Sea como sea ¡Dios tiene un monte destinado para ti!

Alguien predicará como tú, otro enseñará como tú, algún otro ministrará como tú, pero esa gracia, ese distintivo espiritual que se manifiesta en tu persona solo tú lo tienes, es el regalo especial de Dios para ti. ¡Eso es gracia! Tus huellas digitales son únicas en el mundo entero, nadie más las tiene. Por lo tanto tú eres singular en la creación de Dios. Posees un ADN que es único.

Leamos de nuevo la clausura: *"sino que aquel monte será tuyo"*. No dice "es" sino *"será"*, la conjugación verbal está en tiempo futuro. ¡Esa es una promesa! Es algo que se ofrece para el futuro. Cosas futuras tiene el Señor Jesucristo para tu vida y mi vida. ¡Mira siempre al futuro! ¡Piensa en lo que Dios te quiere dar! ¡Sueña con el "monte" que será tuyo!

## II. El trabajo

"pues aunque es bosque, tú lo desmontarás y lo poseerás
hasta sus límites más lejanos" (17:18).

Muchas bendiciones de parte del Señor Jesucristo no llegan tan fáciles, tenemos que trabajar por ellas. Conquistarlas cuesta tiempo, energías y sacrificios personales. En la vida, todo lo que nos llega de forma fácil, lo podemos perder fácilmente pero lo que nos cuesta algo, lo que tiene su precio, aprendemos a valorarlo.

Muchos creyentes y aun líderes, quieren bendiciones fáciles de alcanzar, que no les cueste absolutamente nada, que aterricen en sus manos como paracaídas celestiales. ¡En la vida conquistan aquellos que pagan el precio del trabajo! Lo que poco cuesta, poco se aprecia; lo que mucho cuesta, mucho se aprecia.

Aquel *"monte"* era un *"bosque"*. Las bendiciones a veces nos llegan envueltas, tapadas, disfrazadas, sin mucho atractivo al principio. Hemos de tener "ojo clínico" para verlas envueltas o escondidas en alguna crisis o circunstancia.

Donde menos nos imaginemos, donde el ojo natural no vea algo bueno, allí puede estar el *"monte"* que Dios nos ofrece. Cubierto por un *"bosque"* allí se esconde el *"monte"* que Dios nos ha destinado.

A los conquistadores se les dio un trabajo: *"tú lo desmontarás"*.

## "Aquel monte será tuyo"

El término *"desmontarás"* viene de *"desmontar"* significa según el *Diccionario Vox*: "Cortar los árboles o los matorrales de un monte". O sea, trabajo y más trabajo.

Ellos tendrían que tomar el machete, el hacha, la azada, el rastrillo. La Nueva Biblia Española traduce: *"pero la talarán"*. Tenemos que trabajar talando por la bendición. ¡Poséela! ¡Tómala! ¡Conquístala! ¡Desyérbala! ¡Desmóntala!

Lamentablemente el ministerio se ha convertido en refugio de ociosos (por no decir vagos y ofender a alguien); pero todavía tenemos hombres y mujeres en el ministerio que saben tomar el pico, la sierra, la azada y la pala, que aunque no estén en el ministerio a tiempo completo serían excelentes trabajadores en el terreno secular. Otros son bivocacionales, trivocacionales y multivocacionales.

En la Iglesia de Jesucristo se necesitan *servidores* con el *don de servicio*, verdaderos *diáconos* (griego *diakonos*) por llamamiento y no por elecciones o nombramientos. Hombres y mujeres que hagan cosas para Jesucristo y el reino a favor de otros.

¿Qué tenemos que desyerbar en nuestra vida? ¿Qué bosque no deja ver la bendición de Dios en nuestro ministerio? ¿Qué áreas de nuestro carácter todavía no han sido talados?

Veamos esta clausura: *"y lo poseerás hasta sus límites más lejanos"*. La Nueva Biblia Española lo expresa así: *"y sus confines serán de ustedes"*.

Primero conquistarían el *"monte"* y luego llegarían a los *"límites más lejanos"*. En Hechos 1:8 leemos: *"Pero recibirán una fuerza, el Espíritu Santo que descenderá sobre ustedes, para ser defensores míos en Jerusalén, en toda Judea, en Samaria y hasta lo más remoto del planeta"* (traducción mía). En el ministerio comenzamos en lo inmediato, lo de cerca, para llegar a lo distante, lo de lejos.

Tomemos posesión del *"monte"* y los *"confines"* serán nuestros. Comencemos en nuestra nación antes de alcanzar otras naciones, seamos de bendición en la iglesia local antes de bendecir a otras iglesias del área. Muchos quieren llegar a los *"confines del mundo"*, pero todavía no alcanzan a su familia, a sus vecinos y a sus compañeros de trabajo, de escuela, de actividades.

### III. La victoria

"porque tú arrojarás al cananeo, aunque tenga carros herrados, y aunque sea fuerte" (17:18).

Esta declaración se puede resumir así: "Se puede, se puede". El problema más grave que precede a cualquier conquista es creer que no se puede.

Bien lo dijo el apóstol Pablo: *"Todo lo puedo en Cristo que me fortalece"* (Fil. 4:13). La fe en Cristo confiesa que "sí se puede". ¡Sé positivo! ¡Cree en posibilidades!

En el malecón del mundo se pasean los fracasados, aquellos que siempre tuvieron una fe negativa de que ellos no podían, que las cosas estaban desfavorablemente destinadas para ellos. Quienes no se atreven a conquistar más allá de sus horizontes, se han puesto fronteras mentales para llegar hasta allí y no hasta allá.

Para los hijos de José aquel *"monte"* no era suficiente para ellos: *"No nos bastará a nosotros este monte; y todos los cananeos que habitan la tierra de la llanura, tienen carros herrados; los que están en Bet-seán y en sus aldeas, y los que están en el valle de Jezreel"* (17:16).

No hagas cálculos de cuánto tiene tu competidor, de los recursos que posee otra persona u otra empresa, haz un cálculo de todo lo que tienes en Dios. Especialmente el secreto de la victoria que es nuestra fe y esperanza en Jesucristo.

El trabajo de arrojar al cananeo tocaba a los conquistadores. Muchos buscan las cosas ya hechas, pero no provocan con sus vidas que las cosas se hagan. ¡Provoca oportunidades en tu vida!

Arrojar al cananeo era empresa difícil, pero no imposible. Táchale esa "im" a "imposible" y leerás "posible". Ellos podrían arrojarlo y no estaban solos en esa empresa, Dios estaba de su lado. Y donde está Dios allí está la victoria. No era su batalla, era la batalla de Dios.

¡Tus problemas son los problemas de Dios! ¡Tus luchas son las luchas de Dios! El *cananeo* que se ha levantado contra ti, también se levanta contra Dios. Si tus problemas son grandes, Dios es mayor que tus problemas.

Los *cananeos* tenían *"carros herrados"* y eran *"fuertes"*. Pero los de Efraín tenían la presencia divina, el poder de lo alto, la ayuda celestial y la fortaleza del Espíritu de Dios con ellos. El *cananeo* era *fuerte* pero los de Efraín eran más fuertes. Leemos: *"Tú eres gran pueblo, y tienes grande poder"* (17:17).

Los *"carros herrados"* del cananeo no impedirían el avance de los efrainitas. Estos ya estaban destinados para la conquista. Muchas adversidades no las podremos impedir, pero estaremos listos para enfrentarlas.

La llave para conquistar estaba en la palabra dada por Josué: *"porque tú arrojarás al cananeo"*. ¡Cree que tú puedes! ¡Sueña con que tú puedes! ¡Piensa que sí puedes! ¡Siente que ya puedes! Las

## "Aquel monte será tuyo"

derrotas se originan en la mente, afectan a los sentimientos, y debilitan la voluntad. Pero en la mente de igual manera se originan las victorias.

### Conclusión

(1) El conquistador identifica el *"monte"* que será de él.

(2) El conquistador sabe que escondido en el bosque se encuentra su *"monte"* y tiene que talar el bosque.

(3) El conquistador sabe que puede conquistar con la fuerza de Dios y con la palabra dada.

# "ENTREGÓ EN SUS MANOS A TODOS SUS ENEMIGOS"

"Y Jehová les dio reposo alrededor, conforme a todo lo que había jurado a sus padres; y ninguno de todos sus enemigos pudo hacerles frente, porque Jehová entregó en sus manos a todos sus enemigos" (Jos. 21:44).

## Introducción

En Josué 21:43-45 se celebra la victoria de Israel sobre todos sus enemigos. Celebra la posesión y habitación de la Tierra Prometida a los patriarcas (21:43). Celebra el reposo de Israel y la victoria sobre todos sus enemigos (21:44). Celebra el cumplimiento de las *"buenas promesas"* cumplidas en Israel (21:44).

## I. La promesa

"De esta manera dio Jehová a Israel toda la tierra que había jurado dar a sus padres, y la poseyeron y habitaron en ella" (21:43).

La conquista y habitación de gran parte de la Tierra Prometida fue tarea ardua, difícil, que demoró muchos años pero se logró. Israel recibió la tierra de la promesa que Jehová Dios había prometido a Abraham, a Isaac y a Jacob y que confirmó con Moisés.

El día de cantar victoria, de celebrar la posesión de la tierra había llegado. Con Josué el conquistador al frente, Israel poseyó y habitó en la tierra conquistada. Los conquistadores son gente de metas y a las metas llegan porque se lo han propuesto.

La guerra espiritual llama a ocupar el territorio, pero el territorio se tiene que habitar. Muchas campañas evangelizadoras han terminado en mucha movilización, mucho ruido, pero con resultados nefastos porque no se ocupó el territorio. Si tomamos territorio debemos establecer ministerios de seguimientos, congregaciones y mantener una vigilancia continua a dicho territorio.

Leemos: *"dio Jehová a Israel toda la tierra... y la poseyeron"*. Dios dio a Israel lo que le prometió. Al conquistador Dios le dará todas las promesas. Lo que Dios le da a la Iglesia, esta lo debe poseer.

## II. La victoria

"Y Jehová les dio reposo alrededor, conforme a todo lo que había jurado a sus padres; y ninguno de todos sus enemigos pudo hacerles frente, porque Jehová entregó en sus manos a todos sus enemigos" (21:44).

Primero, *"Y Jehová les dio reposo alrededor"*. A su pueblo les dio el *"shabat"*, el *"sábado"*, el reposo. Después de las conquistas viene tiempo de *"reposo"*.

Jesús de Nazaret declaró: *"Venid a mí todos los que estáis trabajados y cargados y os haré descansar"* (Mt. 11:28). En Jesús los cansados encuentran descanso, tienen su *"shabat"*.

Aprender a reposar en Dios es depender de Dios, es entregarnos totalmente a Él y dárselo todo. El *alma-espíritu* que experimenta abatimiento, intranquilidad, desasosiego, deja todas sus cargas al pie del Calvario, como *Peregrino* en el libro de Juan Bunyan.

Los conquistadores aprenden a reposar en la presencia de Dios. La falta de reposo afecta al buen proceder de los conquistadores. ¡Saca tiempo para reposar a la sombra divina!

Segundo, *"conforme a todo lo que había jurado a sus padres"*. Dios hace pactos generacionales. El que *"honra a su padre y a su madre"* recibe bendiciones generacionales *"para que sus días sean alargados"*. Muchos mueren prematuramente por no honrar a sus padres. Padres bendecidos tendrán hijos bendecidos.

Tercero, *"y ninguno de todos sus enemigos pudo hacerles frente"*. Mientras los hijos de Israel se mantuvieron en el propósito de Dios, fueron inconquistables por todos sus enemigos. Ellos podían

# "Entregó en sus manos a todos sus enemigos" 157

hacer frente al enemigo pero el enemigo no les podía hacer frente a ellos. Nuestra posición en Jesucristo nos ofrece seguridad ante la amenaza de todos nuestros enemigos. Las Escrituras dicen: *"resistid al diablo, y huirá de vosotros"* (Stg. 4:7). Esa palabra "resistid" significa "hacerle frente" ponerse frente a frente hasta prevalecer. El diablo no nos resiste a nosotros, y nosotros lo resistimos a él. Las Escrituras añaden: *"Más puede el que está en nosotros que el que está en el mundo"*.

Cuarto, *"porque Jehová entregó en sus manos a todos sus enemigos"*. Israel confesaba la victoria que Dios le había dado. Los enemigos les fueron entregados a ellos. Los enemigos de los conquistadores uno a uno serán entregados en las manos de estos. No tienen que buscarlos, Dios se los traerá derrotados.

Muchos envidian, recelan, persiguen, difaman, murmuran, traicionan, atacan, engañan, a hombres y mujeres ungidos para conquistar, con propósito y destino en Dios. Se hacen enemigos de los conquistadores pero serán entregados en las manos de los mismos.

Soy testigo de cómo la mano de Dios ha caído sobre muchos que a causa de la unción sobre alguien, se han vuelto acérrimos perseguidores de estos. ¡Dios defiende a sus ungidos! La oración del *Padre nuestro* dice: *"mas líbranos del mal"*. Esa palabra *"mal"*, en griego *kakos*, se traduce también *"malo"*. Somos protegidos del *"mal"* y del *"malo"*.

## III. El cumplimiento

"No faltó palabra de todas las buenas promesas que Jehová había hecho a la casa de Israel; todo se cumplió" (21:45).

Primero, *"No faltó palabra de todas las buenas promesas que Jehová había hecho a la casa de Israel"*. Dios cumplió su *"palabra"* y, al cumplirla, cumple *"todas las buenas promesas"*. Aquí se habla de *"buenas promesas"*, de promesas de bendición. Hay promesas malas para todos aquellos que *no* hacen ni quieren hacer la voluntad de Dios, pero para los creyentes Dios les tiene *"buenas promesas"*, todo lo que Dios les promete es bueno. La salvación es una buena promesa, las bendiciones son buenas promesas, los dones son buenas promesas, los ministerios son buenas promesas, el cielo es una buena promesa, el estado eterno es una buena promesa. ¡Dios es bueno y sus promesas son buenas! ¡Su cuidado es bueno! ¡Su gracia y su misericordia son buenas!

# Josué el conquistador

Todo lo que Dios prometió a Israel, lo cumplió. Es el Dios de la Palabra que cumple su Palabra. Su Palabra lo acredita a Él y Él acredita su Palabra. Las *"buenas promesas"* de Dios se asocian con el cumplimiento de su *"Palabra"*.

Segundo, *"todo se cumplió"*. Es notable la expresión en los Evangelios: *"Para que se cumpliese las Escrituras"* y su referencia a la actuación mesiánica de Jesús de Nazaret y el reino de Dios que en Él halló cumplimiento. En la sinagoga de Nazaret, Jesús leyó del rollo una porción del libro de Isaías y dijo: *"Hoy se ha cumplido esta escritura"*.

En Jesús de Nazaret se *"cumplió"* toda la Palabra y todas las *"buenas promesas"* del Padre celestial, Él es el *"amén"* y el *"sí"* de la Palabra de Dios.

Leemos: *"Todo se cumplió"*. Sí, para aquellos conquistadores de la generación de Josué y Caleb *"todo se cumplió"*, cuanto más a toda la generación de Jesús de Nazaret, la del Calvario, la de los redimidos, la de Pentecostés, la de la Iglesia, la del rapto, la del milenio. ¡Somos la generación milenio pero también seremos la generación del milenio!

¿Qué buenas promesas de Dios hemos visto cumplidas en nuestra vida personal? ¿En el ministerio? ¿En la familia? ¿Qué promesas buenas de Dios esperas que se cumplan este año? ¿En los próximos años?

## Conclusión

(1) Los conquistadores cuando conquistan entran en el reposo de Dios.

(2) Los conquistadores poseen el territorio pero lo ocupan.

(3) Los conquistadores ven cómo las promesas buenas de Dios se cumplen en su vida.

# "¿QUÉ TENÉIS VOSOTROS CON JEHOVÁ?"

"Lo hicimos más bien por temor de que mañana vuestros hijos digan a nuestros hijos: ¿Qué tenéis vosotros con Jehová Dios de Israel?" (Jos. 22:24).

## Introducción

Josué comunicó a los rubenitas, a los gaditas y a la media tribu de Manasés, que acompañaron a las otras tribus en la conquista de la Cisjordania, que ya podían regresar a la Transjordania (22:1-4). Pero estos tenían que guardar los mandamientos y servir a Dios (22:5).

Josué los bendijo y ellos se fueron (22:6). La tribu de Manasés, una mitad tenía territorio en la Cisjordania y la otra mitad en la Transjordania (22:7-9).

Al llegar los rubenitas, gaditas y la media tribu de Manasés a la frontera del Jordán en Cisjordania, levantaron un altar a Jehová (22:10). Ante esta noticia del altar levantado, los hijos de Israel, en Silo, se prepararon para hacer guerra a aquellas tres tribus (22:11-12).

Finees, hijo del sacerdote Eleazar, con diez príncipes representativos de las otras diez tribus, fueron ante las tres tribus ya mencionadas (22:13-15). Estos jefes de tribus acusaron a las otras tres tribus de rebelión contra Dios, y del descarrío espiritual (22:16-20).

Ante esta acusación los hijos de Rubén y los hijos de Gad y la media tribu de Manasés se defendieron dejándoles saber que su

acción no era por rebelión, sino como testimonio a sus hijos de que ellos creían en sacrificios a Dios (22:21-24).
Finees y los jefes de tribu aceptaron la excusa de estas tribus (22:30-31). Luego regresaron a las otras tribus y les declararon lo escuchado, lo cual fue bien recibido (22:32-33). Aquel altar se llamó "Ed" que significa "testimonio" (22:34).

## I. La edificación

"Y llegando a los límites del Jordán que está en la tierra de Canaán, los hijos de Rubén y los hijos de Gad y la media tribu de Manasés edificaron allí un altar junto al Jordán, un altar de grande apariencia" (22:10).

Al llegar al Jordán, antes de cruzar el mismo, los rubenitas, los gaditas y los de Manasés edificaron *"un altar de grande apariencia"* (22:10). Daba la impresión de ser lo que en realidad no era.

Muchos hoy día construyen en sus vidas *"un altar de grande apariencia"*. Lo que viven y lo que hacen muchas veces no es más que *"apariencia"*. Viven en una falsa representación de quiénes son y de lo que hacen.

El *matrimonio* de muchos es *"de grande apariencia"*. En el mismo la pasión del amor se ha esfumado, pero aparentan ante otros que su matrimonio es muy feliz, que ellos como pareja se aman mucho; dan la falsa impresión de ser el matrimonio modelo, el que otras parejas desearían tener. Pero emocionalmente ya están separados y divorciados.

La *vida espiritual* de muchos es *"de grande apariencia"*. Lo que hacen espiritualmente es pretender ser ante otros lo que en realidad ante Dios no son. Su vida espiritual es artificial, fingida, dramática, novelesca, todavía no han entrado en el instituto del quebrantamiento de Dios. Se dedican a proteger y a vivir un testimonio que en realidad no tienen.

El *ministerio* de muchos es *"de grande apariencia"*. Dedican mucho tiempo a la "viña", pero poco tiempo al "Señor de la viña". El ministerio llega a ser para ellos un trabajo (¡aunque lo es!) más que un ministerio de parte de Dios a los demás y un servicio a Dios mismo.

La *vida ministerial* de muchos se transforma en *"apariencia"*, buscan más el aplauso de los demás que la aprobación del Señor Jesucristo. Están más interesados en su reputación (lo que otros dirán) que en su integridad (lo que Dios puede decir).

Las prédicas, las enseñanzas, las oraciones, las reuniones,

## "¿Qué tenéis vosotros con Jehová?" 161

las ministraciones se pueden volver *"apariencia"*. El verdadero ministro debe ser una persona con una vida cambiada, una vida transformada, una vida abnegada, una vida entregada y una vida quebrantada.

Muchas pruebas y tribulaciones que llegan a las vidas de hombres y mujeres creyentes, que ministran, que sirven a su prójimo y a sus hermanos, tienen el propósito de producir quebrantamiento, de matar la "carne" para dejar reinar el "espíritu". En el dolor, en el sufrimiento, en la prueba, o en la tribulación pueden estar escondidas las bendiciones de Dios. Y esto nos impulsa más a orar, ayunar, leer la Palabra, asistir con regularidad al templo y vivir en total dependencia de Dios.

El que vive de apariencias se parece a algo, pero no es nada. El Señor Jesucristo no nos quiere viviendo de *"apariencias"*, de falsas representaciones espirituales, pretendiendo ser algo que en realidad la pareja y toda la familia sabe que es falso. Él desea que vivamos en la verdad de su Palabra. ¡Nunca aparentemos ser algo que en realidad ante los ojos de Dios no somos! Al Señor Jesucristo le interesan los conquistadores genuinos, auténticos, que son de verdad.

## II. La reacción

"Cuando oyeron esto los hijos de Israel, se juntó toda la congregación de los hijos de Israel en Silo, para subir a pelear contra ellos" (22:12).

Los hijos de Israel reaccionaron al ver el altar levantado por los rubenitas, gaditas, y la media tribu de Manasés. Esa reacción inicial estaba cargada de enojo, ira, molestia y ganas de pelear. Los conquistadores deben tener cuidado en su forma de reaccionar ante la conducta de otros conquistadores.

El espíritu de *"pelear"* debe ser la última opción o ninguna opción al enfrentar diferencias con otras personas. Las peleas son la forma más primitiva de enfrentar los desacuerdos y la oposición.

Una delegación compuesta por Finees hijo del sacerdote Eleazar, con diez príncipes de las tribus subieron a las tribus de la Transjordania: *"Y enviaron los hijos de Israel a los hijos de Rubén y a los hijos de Gad y a la media tribu de Manasés en tierra de Galaad, a Finees hijo del sacerdote Eleazar, y a diez príncipes con él: un príncipe por cada casa paterna de todas las tribus de Israel, cada uno de los cuales era jefe de la casa de sus padres entre los millares de Israel. Los cuales fueron a los hijos de Rubén y a los hijos de Gad y a la media tribu de Manasés, en la tierra de Galaad, y les hablaron diciendo"* (22:13-15).

Su mensaje estaba dirigido al altar de la rebeldía: *"Toda la congregación de Jehová dice así: ¿Qué transgresión es esta con que prevaricáis contra el Dios de Israel para apartaros hoy de seguir a Jehová, edificándoos altar para ser rebeldes contra Jehová?"* (22:16).

Según su modo de ver las cosas, aquellas tribus al levantar el altar allá lo hicieron *"para ser rebeldes contra Jehová"* (22:16). Les hicieron una fuerte confrontación y les recordaron *"la maldad de Peor"* (22:17 cp. Nm. 25:1-9).

La rebelión, se ponga como se ponga y se justifique como se justifique, es algo abominable, condenada y desaprobada por Dios. El rebelde espiritual es un enemigo de la obra de Dios.

Aún el pecado de la rebelión produce consecuencias que afecta a todos: *"Vosotros os rebeláis hoy contra Jehová, y mañana se airará él contra toda la congregación de Israel"* (22:18). Las consecuencias de la rebelión contra Dios hoy, se cosecharán mañana.

Los representantes de las tribus invitaron a las tribus de la Transjordania a quedarse con ellos pero no a rebelarse contra ellos: *"Si os parece que la tierra de vuestra posesión es inmunda, pasaos a la tierra de la posesión de Jehová, en la cual está el tabernáculo de Jehová, y tomad posesión entre nosotros; pero no os rebeléis contra Jehová, ni os rebeléis contra nosotros, edificándoos altar además del altar de Jehová nuestro Dios"* (22:19).

¡Es triste ver cómo muchos ministerios nacen de la rebelión! Aunque Dios después los perdona y restaura, su inicio no nace en obediencia, sino en rebelión. Lo que se siembra en rebelión, se cosecha en rebelión.

Muchos hoy día andan buscando la forma de construir su propio *"altar de apariencia"* y *"altar para ser rebeldes"* en vez de ser bendecidos en el altar de Jehová (22:19). A esas tribus se les recordó del pecado de Acán, que afectó a toda la congregación y que pereció arrastrando a otros: *"¿No cometió Acán hijo de Zera prevaricación en el anatema, y vino ira sobre toda la congregación de Israel? Y aquel hombre no pereció solo en su iniquidad"* (22:20).

Como bien ha dicho mi amigo el pastor Fermín García de Tijuana, México: "Un rebelde a la cabeza, hace a todo el cuerpo rebelde". La rebeldía debe ser tratada con mano dura. Aunque un rebelde sea restaurado, jamás será restaurada la misma confianza que antes tenía. La tentación de que fue rebelde será siempre la rebeldía, y la rebeldía es un pecado que contamina. El rebelde y el traidor son siameses de la maldad.

De igual manera, aquel que deja de honrar a su autoridad

## "¿Qué tenéis vosotros con Jehová?"

espiritual, que por algún desacuerdo o desaire se frustra contra la misma, y en vez de buscar abrirle su corazón herido más bien le critica en presencia de otros y habla mal sobre la misma, tarde o temprano esta actitud le quitará a la tal persona el favor de su autoridad espiritual.

### III. La aclaración

"Lo hicimos más bien por temor de que mañana vuestros hijos digan a nuestros hijos: ¿Qué tenéis vosotros con Jehová Dios de Israel? (22:24).

Las tribus de Rubén, Gad y la media tribu de Manasés, declararon que si ellos habían hecho ese altar *"por rebelión, o por prevaricación contra Jehová, no nos salves hoy"* (22:22). Ante Dios tenían limpias su conciencia. No fueron rebeldes, ni prevaricadores contra la autoridad de Dios, si eran culpables se someterían de manera voluntaria al juicio de Dios.

Aquel *"altar de apariencia"* no lo edificaron para dejar a Dios ni *"para sacrificar holocausto u ofrenda, o para ofrecer sobre él ofrendas de paz"* (22:23).

La percepción que las tribus de la Cisjordania habían tenido sobre las tribus de la Transjordania, estaba equivocada. Muchas percepciones se basan en interpretaciones erradas, en conclusiones equivocadas, en lo que otros o nosotros vemos pero que no es la realidad.

¡Conquistadores, mucho cuidado en tener percepciones basadas en sus emociones, en sus prejuicios, en su parcialidad o en sus propias conclusiones! ¡No juzguen a nadie si no tienen todas las evidencias y todos los hechos confirmados! Acusar a alguien basándonos en lo que otro dijo, o en lo que otros están diciendo, es *"perjurio"* en términos legales, es ser participantes de alguna conspiración chismosa. Toda acusación debe ser por escrito de parte del acusador.

Aquel *"altar"* lo habían edificado pensando en sus hijos, que en el mañana al verse como tribus separadas de las otras tribus, fueran estos acusados: *"Lo hicimos más bien por temor de que mañana vuestros hijos digan a nuestros hijos: ¿Qué tenéis vosotros con Jehová Dios de Israel?"* (22:24).

Los rubenitas, gaditas y la media tribu de Manasés, no querían ser destituidos del culto a Jehová, y menos que sus hijos se fueran a descarriar espiritualmente: *"Jehová ha puesto por lindero el Jordán entre nosotros y vosotros, oh hijos de Rubén e hijos de Gad; no tenéis vosotros parte en Jehová; y así vuestros hijos harían que nuestros hijos dejasen de temer a Jehová"* (22:25).

Si algún problema generacional hubiera llegado a ocurrir, ellos responderían: *"Mirad el símil del altar de Jehová, el cual hicieron nuestros padres, no para holocaustos o sacrificios, sino para que fuese testimonio entre nosotros y vosotros"* (22:28).

Notemos la expresión *"el símil del altar de Jehová".* El "símil" es una figura de retórica, es siempre una semejanza de algo, por lo general establece una comparación entre una cosa y otra con la palabra "como". Aquel "altar" no era una realidad, era un símil, sería simplemente un *"testimonio"* entre las tribus de la Transjordania y la Cisjordania.

Leemos: *"Nunca tal acontezca que nos rebelemos contra Jehová, o que nos apartemos hoy de seguir a Jehová, edificando altar para holocaustos, para ofrenda o para sacrificio, además del altar de Jehová nuestro Dios que está delante de su tabernáculo"* (22:29).

Nunca duplicarían el trabajo hecho. El altar del tabernáculo no sería sustituido por las tribus de la Transjordania. No era un trabajo sustituto, sino complementario.

Finees y los príncipes y los jefes de soldados de Israel, se quedaron satisfechos con las palabras de la tribu de Rubén, de la tribu de Gad y de la media tribu de Manasés: *"Y dijo Finees hijo del sacerdote Eleazar a los hijos de Rubén, a los hijos de Gad y a los hijos de Manasés: Hoy hemos entendido que Jehová está entre nosotros, pues que no habéis intentado esta traición contra Jehová. Ahora habéis librado a los hijos de Israel de la mano de Jehová"* (22:31).

Se libraron de haber hecho mal (22:31). A su regreso, Finees y los príncipes dieron la noticia a los hijos de Israel y estos últimos *"bendijeron a Dios".* Y desistieron de hacer la guerra a sus hermanos tribales, las tribus de Gad y Rubén llamaron aquel altar como *"altar Ed",* (testimonio).

*"Y Finees hijo del sacerdote Eleazar, y los príncipes, dejaron a los hijos de Rubén y a los hijos de Gad, y regresaron de la tierra de Galaad a la tierra de Canaán, a los hijos de Israel, a los cuales dieron la respuesta. Y el asunto pareció bien a los hijos de Israel, y bendijeron a Dios los hijos de Israel; y no hablaron más de subir contra ellos en guerra, para destruir la tierra en que habitaban los hijos de Rubén y los hijos de Gad. Y los hijos de Rubén y los hijos de Gad pusieron por nombre al altar Ed; porque testimonio es entre nosotros que Jehová es Dios"* (22:32-34).

# "¿Qué tenéis vosotros con Jehová?"

## Conclusión
(1) Los conquistadores se guardarán de las apariencias.

(2) Los conquistadores se cuidarán de no hacer percepciones equivocadas sobre otros.

(3) Los conquistadores estarán abiertos para aceptar las aclaraciones de otros.

# "DIOS ES QUIEN HA PELEADO POR VOSOTROS"

"Y vosotros habéis visto todo lo que Jehová vuestro Dios ha hecho con todas estas naciones por vuestra causa; porque Jehová vuestro Dios es quien ha peleado por vosotros" (Jos. 23:3).

## Introducción

Josué estaba viejo (23:1-2), Israel gozaba de reposo ante sus enemigos (23:1); este convocó al pueblo y les recordó que el secreto de sus victorias estaba en Dios (23:3). También les recordó que él cumplió su misión de repartir la tierra entre las fronteras del Mar Grande o Mediterráneo y el río Jordán (23:4).

Les animó a seguir conquistando, en el nombre de Jehová Dios, las naciones que faltaban de ser sometidas (23:5). Además les exhortó a guardar la *"ley de Moisés"*, y a no hacer alianzas con los enemigos (23:6-7).

Finalmente, les animó a seguir a Dios, su defensor (23:8-9); el cual pelearía por ellos (23:10); pero tenían que ser fieles (23:11). Dejar a Dios para unirse a esas naciones, era traer maldiciones a sus generaciones (23:12-13). Josué ya estaba presintiendo el día de su muerte (23:14); y recuerda cómo *"las buenas palabras"* de Dios se habían cumplido (23:14). De igual manera las palabras de juicio se cumplirían (23:15). Termina refrenándoles de la idolatría (23:16).

## Josué el conquistador

### I. La edad

"Y llamó a todo Israel, a sus ancianos, sus príncipes, sus jueces y sus oficiales, y les dijo: Yo ya soy viejo y avanzado en años" (23:2).

Israel estaba reposando de todos sus enemigos (23:1), ya las marcas de la vejez se detectaban en la fisonomía del conquistador.

Dos veces repite el relato sobre Josué: *"Josué, siendo ya viejo y avanzado en años"* (23:1). *"Yo ya soy viejo y avanzado en años"* (23:2). Se decía que era *"ya viejo"* y él admite: *"ya soy viejo"*. La vejez se debe aceptar con gracia.

La vejez es un regalo de Dios, es el don de llegar a viejo; en vez de considerar la vejez como un lamento, un tiempo de depresión, un abandono familiar, debería verse como un privilegio extendido para adorar y servir a Dios. Es una experiencia que no debe ser temida.

En Josué 13:1 leemos: *"Siendo Josué ya viejo, entrado en años, Jehová le dijo: Tú eres ya viejo, de edad avanzada, y queda aún mucha tierra por poseer"*.

Posiblemente de Josué 13:1 a Josué 23:1-2 haya una separación entre veinticinco a treinta años, teniendo en cuenta que la primera mención se refiere a cuando Josué tendría entre 80 a 85 años de edad y la segunda mención podría referirse a cuando tendría 110 años. De ser correcto este análisis bíblico, Josué rindió cerca de tres décadas más de trabajo como conquistador.

Josué era hombre de autoridad y mantenía su poder de convocatoria: *"Llamó a todo Israel, a sus ancianos, sus príncipes, sus jueces y sus oficiales"* (23:2). A todos los convocó para hablarles lo que demuestra que él sabía trabajar en equipo y era responsable de rendir cuentas a otros.

Aunque había llegado a *"viejo"*, era un *"viejo"* responsable, un *"viejo"* serio, un *"viejo"* de palabra, un *"viejo"* que todavía daba órdenes de parte de Dios. No era un viejo rojo, amarillo o verde. Era un viejo de Dios.

### II. El recordatorio

"Y vosotros habéis visto todo lo que Jehová vuestro Dios ha hecho con todas estas naciones por vuestra causa; porque Jehová vuestro Dios es quien ha peleado por vosotros" (23:3).

## "Dios es quien ha peleado por vosotros" 169

Josué los hizo mirar al pasado, los hizo hacer un inventario de las actividades divinas en sus vidas. Ellos eran testigos oculares de la providencia de Dios. Aquellas naciones fueron derrotadas no por números de soldados, armamentos, estrategias bélicas, sino por la intervención del Todopoderoso, que por causa de ellos los derrotó. Notemos esa expresión: *"por vuestra causa"* (23:3). Dios tomó la causa de ellos y la hizo su causa. ¡Nuestras causas son las causas del Señor Jesucristo! ¡Nuestras cargas son sus cargas!

¡Conquistadores, mantengan en sus vidas un diario de lo que el Señor Jesucristo ha hecho por causa de ustedes! Cuéntenles a otros su historia con Dios y con el Señor Jesucristo. Mantengan un registro escrito de los milagros y testimonios que el Señor Jesucristo les ha permitido tener.

Leemos: *"porque Jehová vuestro Dios es quien ha peleado por vosotros"* (23:3).

¡Conquistadores, aquellos que se meten a pelear contra ustedes, pelean contra Dios y a Dios nadie le puede ganar!

El que falta el respeto a un hombre o a una mujer separado y usado por Dios, le falta el respeto a Dios.

El que habla mal de un siervo del Señor Jesucristo, habla mal de Dios, atacar a un ungido es atacar a Dios.

Muchos hoy día están derrotados, enfermos, fuera del ministerio, muertos. Soy testigo de cómo Dios ha puesto su mano de juicio a muchos que se levantaron contra siervos de Dios, porque han causado afrenta a escogidos de Dios.

¡Conquistador, no pelees defendiéndote a ti mismo; si te empujan, no empujes; si te atacan no ataques ya que el Señor Jesucristo es tu escudo, tu defensor, el que saca la cara por ti! Mi amigo, el evangelista José A. Tejada, siempre me recuerda lo que dije en un sermón y está publicado en mi libro *David el ungido*: "El ungido es perseguido, pero no persigue; es atacado, pero no ataca; es difamado, pero no difama".

Ante el pueblo de Israel, Josué fue un conquistador realizado: *"He aquí os he repartido por suerte, en herencia para vuestras tribus, estas naciones, así las destruidas como las que quedan"* (23:4).

La mayor satisfacción para cualquier ser humano es llegar a sentirse totalmente realizado. Josué no conquistó todo pero conquistó todo lo que a él le tocó conquistar.

Al pueblo le profetizó: *"Y Jehová vuestro Dios las echará de delante de vosotros, y las arrojará de vuestra presencia, y vosotros, poseeréis sus tierras, como Jehová vuestro Dios os ha dicho"* (23:5).

En los días de David y de Salomón estas naciones habían sido sometidas. Aunque pasen años, las promesas de Dios se cumplen.

Dios no paga de manera semanal, quincenal o mensual pero siempre paga.

¡Conquistadores, pidan a Dios que les dé palabra para el pueblo de Dios! El pueblo de Israel no se podía mezclar con estas naciones, ni tomar sus prácticas religiosas: *"Esforzaos, pues, mucho en guardar y hacer todo lo que está escrito en el libro de la ley de Moisés, sin apartaros de ello ni a diestra ni a siniestra; para que no os mezcléis con estas naciones que han quedado con vosotros, ni hagáis mención ni juréis por el nombre de sus dioses, ni los sirváis, ni os inclinéis a ellos"* (23:6-7).

¡Lamentablemente, en muchos lugares, algunos creyentes andan de brazos con el mundo, bailan boleros con el mundo, danzan al son del mundo y duermen con el mundo! Bien lo dijo el himnólogo: "No puede el mundo ser mi hogar". Muchos testifican que han salido del mundo pero su conducta demuestra que el mundo no ha salido de ellos, ya no son inquilinos del mundo pero el mundo es su inquilino.

Su mensaje fue claro, Josué dijo: *"Mas a Jehová vuestro Dios seguiréis, como habéis hecho hasta hoy"* (23:8).

La nota que resalta en este pasaje es la perseverancia, es continuar sirviendo a Dios a pesar de todo, cuando lo que Dios haga no tenga sentido, cuando cosas malas ocurren a personas que hacen cosas buenas, cuando la "plaga de Job" toque lo nuestro, toque a nuestra familia y nos toque a nosotros.

Dios fue quien arrojó *"grandes y fuertes naciones"* (23:9). Esa intervención divina, ese pronto auxilio, esa ayuda celestial ese factor conquistador, no se podía olvidar.

Leemos: *"Un varón de vosotros perseguirá a mil, porque Jehová vuestro Dios es quien pelea por vosotros, como él os dijo"* (23:10).

Uno contra mil, no mil contra uno, es la fórmula del éxito del conquistador. Dios nos hace una minoría fuerte. En el mundo espiritual, nuestros enemigos son más, nosotros menos, pero a esos miles los perseguimos nosotros. Con el "martillo hebreo" conocido como Sansón, se cumplió esto; literalmente, con una quijada de asno él solo mató a mil filisteos: *"Y hallando una quijada de asno fresca aún, extendió la mano y la tomó, y mató con ella a mil hombres. Entonces Sansón dijo: Con la quijada de un asno, un montón, dos montones; Con la quijada de un asno maté a mil hombres"* (Jue. 15:15-16).

### III. La amonestación

"Guardad, pues, con diligencia vuestras almas, para que améis a Jehová vuestro Dios" (23:11).

## "Dios es quien ha peleado por vosotros" 171

La *"diligencia"* es clave para el cultivo de la vida espiritual. El alma se debe guardar para Dios, para amarlo de todo corazón. Ganar todo en esta vida y perder el alma en el infierno es perderlo todo.

El unirse, concertarse y mezclarse con las naciones paganas que quedaban, casándose y conviviendo con ellos les traería graves y serias consecuencias: *"Porque si os apartareis, y os uniereis a lo que resta de estas naciones que han quedado con vosotros, y si concertareis con ellas matrimonios, mezclándoos con ellas, y ellas con vosotros, sabed que Jehová vuestro Dios no arrojará más a estas naciones delante de vosotros, sino que os serán por lazo, por tropiezo, por azote para vuestros costados y por espinas para vuestros ojos, hasta que perezcáis de esta buena tierra que Jehová vuestro Dios os ha dado"* (23:12-13).

Si le fallaban a Dios, Él les dejaría estas naciones como *"lazo, por tropiezo, por azote... por espinas"* (23:13).

En la vida pagaremos severas consecuencias por las malas decisiones que tomamos y por las cosas que permitamos. Somos responsables por nuestras acciones y decisiones. Lo que decidamos con nuestra vida, traerá buenas o malas consecuencias.

Josué, ahora habla en un tono más pastoral: *"Y he aquí que yo estoy para entrar hoy por el camino de toda la tierra; reconoced, pues, con todo vuestro corazón y con toda vuestra alma, que no ha faltado una palabra de todas las buenas palabras que Jehová vuestro Dios había dicho de vosotros; todas os han acontecido, no ha faltado ninguna de ellas"* (23:14).

Josué estaba preparado espiritualmente para el día de la muerte, el día que le espera a todo conquistador. Él se enfrentaría a ese día con el uniforme planchado de un general. Le recordó al pueblo que todo lo que Dios prometió lo cumplió. ¡Es un Dios de Palabra!

Los conquistadores ven la Palabra de Dios cumplirse en sus vidas. Son transformados por su Palabra. Hoy día hace más falta la proclamación bíblica de la Palabra. La predicación expositiva debe retornar a los púlpitos.

Los expectáculos evangélicos son buenos, pero lo que de verdad transforma el corazón de un alma hambrienta y sedienta de Dios es el poder de la Biblia y del Espíritu Santo. A los altares llenos, las señales, los milagros, el canto y la música emocional se les han dado mucha más relevancia que al poder de la Palabra. Muchos púlpitos están pobres de la proclamación bíblica, exegética y expositiva de la Palabra. Mucho mayor que cualquiera de las manifestaciones, es la manifestación de la Palabra de Dios. *"Sola Fide, Sola Gratia, Sola Scriptura"* fue la consigna de la Reforma Protestante.

Sobre Israel había venido *"toda palabra buena"* de parte de Dios; pero también vendría si fallaban a Dios y desobedecían su voluntad *"toda palabra mala"* con consecuencias destructivas para ellos y su tierra. Tenemos que alinearnos con Dios y su Palabra. Finalmente Josué les amonestó en contra del descarrío espiritual del sincretismo religioso, de la idolatría, del abandono de la fe verdadera.

*"Pero así como ha venido sobre vosotros toda palabra buena que Jehová vuestro Dios os había dicho, también traerá Jehová sobre vosotros toda palabra mala, hasta destruiros de sobre la buena tierra que Jehová vuestro Dios os ha dado"* (23:15).

La consecuencia sería esta: *"si traspasareis el pacto de Jehová vuestro Dios que él os ha mandado, yendo y honrando a dioses ajenos, e inclinándoos a ellos. Entonces la ira de Jehová se encenderá contra vosotros, y pereceréis prontamente de esta buena tierra que él os ha dado"* (23:16).

El conquistador llega casi al final de sus días proclamando la Palabra de Dios, haciendo un llamado a la santidad, siendo un defensor del propósito divino.

## Conclusión

(1) El conquistador llegará a viejo con poder de convocatoria y con autoridad en sus palabras.

(2) El conquistador mantiene un diario de cómo Dios ha participado en su vida y la de otros.

(3) El conquistador llega al final de sus días defendiendo la causa de Dios.

# "YO Y MI CASA SERVIREMOS A JEHOVÁ"

"Y si mal os parece servir a Jehová, escogeos hoy a quién sirváis; si a los dioses a quienes sirvieron vuestros padres, cuando estuvieron al otro lado del río, o a los dioses de los amorreos en cuya tierra habitáis; pero yo y mi casa serviremos a Jehová" (Jos. 24:15).

## Introducción

Josué usando su poder de convocatoria reunió a todos aquellos que estaban en posiciones de autoridad (24:1). Allí les dio una sinopsis histórica de sus antecesores: Taré y Abraham (24:2-3); Isaac, Jacob y Esaú (24:3-4); Moisés y Aarón (24:5); los hebreos liberados de Egipto (24:6-7).

Luego les habló de la conquista de la Transjordania (24:8), y de la maldición que Balaam transformó en bendición ante Balac (24:9-10). También derrotaron a Jericó y a los reyes cananeos (24:11-12), la tierra de ellos les fue entregada (24:12).

Luego Josué hace un llamado a servir a Jehová (24:14-15). A lo que el pueblo reaccionó de manera positiva (24:16-18). De nuevo Josué les recalcó el servicio a Jehová y de nuevo el pueblo respondió de manera afirmativa (24:19-24). En Siquem, Josué hizo pacto con el pueblo y le dio "estatutos y leyes" (24:25), y levantó una piedra como testigo monumental (24:26-28).

# Josué el conquistador

## I. El recordatorio

"Y os di la tierra por la cual nada trabajasteis, y las ciudades que no edificasteis, en las cuales moráis; y de las viñas y olivares que no plantasteis, coméis" (24:13)

Josué 24:1-13 registra el discurso histórico con personajes y eventos reconocidos por el pueblo de Israel, que les recordaba que eran un pueblo milagroso.

El conquistador vive recordando siempre su historia espiritual y recordando a otros conquistadores cómo la providencia divina intervino en su historia. Nunca debemos olvidar los favores y las misericordias que Dios ha tenido con nosotros.

Nuestro diario espiritual debe ser escrito y reescrito de continuo, recordar lo que Dios hizo por nosotros es pensar en lo que Dios espera de nosotros. Cada día en la presencia de Dios es un nuevo capítulo de su amor y afecto.

¿Quiénes fueron nuestros padres? ¿Quiénes somos nosotros? ¿Qué ha hecho el Señor Jesucristo a favor de nosotros y qué nos ha afectado de manera positiva? ¿Cuál es el evento en nuestro diario espiritual que más ha marcado nuestra vida?

Una estela de personajes pasan por la mente de Josué, a saber: Taré, Abraham, Isaac, Jacob, Esaú, Moisés, Balaam; y una cadena de eventos son mencionados: la salida de Mesopotamia de Taré con Abraham y Nacor, la peregrinación de Abraham con su descendencia en Canaán, la liberación de Egipto, la derrota de Balac y el cruce del Jordán a la conquista de Canaán.

Es interesante que aunque el discurso es presentado por Josué, el mismo fue profético porque es Dios mismo hablando. Los versículos 2 al 13 registran palabras directas de Dios.

A Dios le gusta recordarnos nuestra historia espiritual. Lo que se recuerda mucho, se olvida poco. Notemos esa secuencia de eventos con estas palabras: *"yo tomé"* (24:3), *"y yo envié"* (24:5), *"saqué"* (24:6); *"yo os introduje"* (24:8), *"y yo los entregué en vuestras manos"* (24:11), *"y os di"* (24:13).

Tomemos estas palabras: "Y os di la tierra por la cual nada trabajasteis, y las ciudades que no edificasteis, en las cuales moráis; y de las viñas y olivares que no plantasteis, coméis" (24:13). ¿Cuántas bendiciones de Dios llegan a nosotros sin buscarlas? Pero Él en su gracia y misericordia nos da mucho de lo que no hemos buscado, ni estamos pidiendo.

## "Yo y mi casa serviremos a Jehová"   175

**II. El compromiso**

"Y si mal os parece servir a Jehová, escogeos hoy a quién sirváis; si a los dioses a quienes sirvieron vuestros padres, cuando estuvieron al otro lado del río, o a los dioses de los amorreos en cuya tierra habitáis; pero yo y mi casa serviremos a Jehová" (24:15).

Josué hizo al pueblo un llamado a rechazar el espíritu de la idolatría (24:14), tenían que temer a Dios (24:14), y servirle *"con integridad y en verdad"* (24:14). Dios exigía para Él un culto temeroso en fe y un servicio íntegro y verdadero. La verdadera adoración al Señor Jesucristo tiene que ser completa, no en parte sino íntegra, tiene que ser verdadera, sin fingimiento o apariencias.

Primero, *"ahora, pues, temed a Jehová"* (24:14). Este es Josué quien habla ahora. Esta es la aplicación de la presentación que hizo de las palabras de Dios: *"Y dijo Josué a todo el pueblo: Así dice Jehová, Dios de Israel: Vuestros padres habitaron antiguamente al otro lado del río, esto es, Taré, padre de Abraham y de Nacor; y servían a dioses extraños. Y yo tomé a vuestro padre Abraham del otro lado del río, y lo traje por toda la tierra de Canaán, y aumenté su descendencia, y le di Isaac. A Isaac di Jacob y Esaú. Y a Esaú di el monte de Seir, para que lo poseyese; pero Jacob y sus hijos descendieron a Egipto. Y yo envié a Moisés y a Aarón, y herí a Egipto, conforme a lo que hice en medio de él, y después os saqué. Saqué a vuestros padres de Egipto; y cuando llegaron al mar, los egipcios siguieron a vuestros padres hasta el Mar Rojo con carros y caballería. Y cuando ellos clamaron a Jehová, él puso oscuridad entre vosotros y los egipcios, e hizo venir sobre ellos el mar, el cual los cubrió; y vuestros ojos vieron lo que hice en Egipto. Después estuvisteis muchos días en el desierto. Yo os introduje en la tierra de los amorreos, que habitaban al otro lado del Jordán, los cuales pelearon contra vosotros; mas yo los entregué en vuestras manos, y poseísteis su tierra, y los destruí de delante de vosotros. Después se levantó Balac hijo de Zipor, rey de los moabitas, y peleó contra Israel; y envió a llamar a Balaam hijo de Beor, para que os maldijese. Mas yo no quise escuchar a Balaam, por lo cual os bendijo repetidamente, y os libré de sus manos. Pasasteis el Jordán, y vinisteis a Jericó, y los moradores de Jericó pelearon contra vosotros: los amorreos, ferezeos, cananeos, heteos, gergeseos, heveos y jebuseos, y yo los entregué en vuestras manos. Y envié delante de vosotros tábanos, los cuales los arrojaron de delante de vosotros, esto es, a los dos reyes de los amorreos; no con tu espada, ni con tu arco. Y os di la tierra por la cual nada trabajasteis, y las ciudades que no edificasteis, en las cuales moráis; y de las viñas y olivares que no plantasteis, coméis"* (24:2-13).

El temor a Jehová, no el miedo a Dios, es la cualidad principal que distingue a los conquistadores. ¡Dios exige reverencia, que se tenga en el momento y lugar que le corresponde! La reverencia se expresa en una conducta que agrade a Dios.

Los altares en los templos, los campanarios, las torres altas, columnas elevadas, las agujas religiosas sobre el techo exterior, las cúpulas, todo representa la elevación de la deidad. Incluso en las pinturas cuando aparecen los tres crucificados, la cruz del centro, la de Jesucristo, se pone más alta. (En la fachada de nuestro templo se levantan en alto relieve tres columnas en ladrillos. En las dos laterales tenemos dos cruces medianas; la columna central, la más alta, tiene una doble corona de ladrillos rojos en su parte superior. Con ella damos testimonio de que la cruz de Jesucristo es la de la salvación, la de la luz, la del centro.)

Hoy día, el temor a Dios se ha ido perdiendo, hay mucha religión y poco temor a Dios. La desobediencia, la rebelión, la mundanalidad, las deudas no pagadas a Dios (diezmos y promesas), las divisiones, la falta de respeto al liderazgo, el poco compromiso evangelizador; todo evidencia la falta de temor a Dios. Relación es más importante que religión; transformación más que información; unción más que emoción.

Segundo, *"y servidle con integridad y en verdad"* (24:14). Servicio, integridad y verdad es lo que Dios requiere. En estas dos áreas es donde más se está fallando a Dios por parte de los creyentes.

El ministerio más grande en la Iglesia de Jesucristo es el de servir, las posiciones son para servir, los dones son para servir, el conocimiento es para servir, la educación teológica es para servir, los títulos son para servir, las bendiciones son para servir, el dinero es para servir, los talentos son para servir, nuestra vida es para servir. Nosotros estamos para servir.

El servicio a Dios y al Señor Jesucristo debe realizarse *"con integridad"*. Algo íntegro es algo completo, que no le falta absolutamente nada, un entero sin divisiones. ¡Dios lo pide todo! A Él no le gustan las cosas inconclusas.

El servicio también debe ser *"en verdad"*. ¡Sacrificial, no artificial! ¡Genuino, no plástico! ¡Verdadero, no aparente! A Dios le interesa que la *"verdad"* sea la marca, la patente, de todo servicio cristiano.

Aun la adoración debe hacerse *"en verdad"*. Las Escrituras así lo dicen en Juan 4:24: *"Dios es Espíritu, y los que le adoran, en espíritu y en verdad es necesario que adoren"*.

## "Yo y mi casa serviremos a Jehová"

En nuestros días hay una efervescencia de adoración moderna. Modernos "Cristóbal Colon" creen que ellos han descubierto el "nuevo mundo" de la adoración. ¡Colón no descubrió los nativos americanos, en realidad ellos descubrieron a Colón! La verdadera adoración es un estilo de vida que se vive para Dios. Por eso vemos mucha adoración que no es *"en espíritu y en verdad"*. Es emocional, es circunstancial, es rítmica, es coreográfica, es provocada, es artística, es mecánica, es manipuladora, es de mercadeo o comercial, es a conveniencia del llamado "adorador"; es todo, menos *"en espíritu y en verdad"*. Regresemos a la genuina adoración: *"en espíritu y en verdad"*.

Leemos: *"Y si mal os parece servir a Jehová, escogeos hoy a quien serváis, si a los dioses a quienes sirvieron vuestros padres, cuando estuvieron al otro lado del río, o a los dioses de los amorreos en cuya tierra habitáis; pero yo y mi casa serviremos a Jehová"* (24:15).

El pueblo tenía que tomar una decisión: servir a Jehová o servir a los dioses de la Transjordania o de la Cisjordania. El conquistador no puede tomar decisiones por otros, les puede enseñar, amonestar, exhortar pero cada uno de manera individual es responsable de sus hechos y acciones. ¿Qué decisión hemos de tomar como creyentes en nuestro servicio a Dios? ¿Qué "ídolos" o sustitutos de Dios de nuestra familia pasada o de nuestros vecinos están estorbando nuestro servicio a Dios?

Josué el conquistador, por su parte, ya había tomado su decisión: *"pero yo y mi casa serviremos a Jehová"* (24:15). En su familia Josué había tenido éxito espiritual. Él era cabeza espiritual de su *"casa"*. Muchos hogares de cristianos están descabezados porque hay ausencia de liderazgo espiritual.

Padres, tomen con seriedad la rienda del hogar. No se rindan ante las presiones de los hijos. Luchen para que ninguno se descarríe. No pierdan su autoridad espiritual. Su hogar debe ser una fogata que arde con el fuego santo de Dios.

Es motivo de tristeza y dolor ver a algunos líderes que con familias inmediatas totalmente descarriadas o lejos de Dios, quieren ser misioneros, pastores y evangelistas. Otros separados de su pareja, o una pareja que nadie conoce, quieren hacer ministerio. No pueden servir al Señor Jesucristo con su *"casa"*, pero quieren que otros con sus *"casas"* sirvamos a Dios.

Aun, estos ministros o pastores dan consejería a otros, cuando su propio matrimonio y familia va a la deriva, está por encallar, o destruirse contra algún arrecife inesperado. Tenemos que ser sinceros con nosotros mismos.

El que no pueda ser líder espiritual en su *"casa"*, no debe ser líder en la Iglesia de Jesucristo. Josué dijo: *"yo y mi casa serviremos a Jehová"*. Es triste ver a hombres que quieren entrar al ministerio pastoral y a otros ministerios de responsabilidades mayores, siendo divorciados varias veces y con los hijos perdidos en el mundo. El ministerio debe ser pro-pareja, pro-familia, pro-ministerio, pro-*"casa"*; sirviendo uno con los suyos al Señor Jesucristo. Se deben desarrollar ministerios con la familia.

A la exhortación de Josué, el pueblo respondió de manera positiva, reconociendo que Dios los sacó de Egipto, que los guardó y arrojó a los enemigos: *"también serviremos a Jehová, porque él es nuestros Dios"* (24:18).

Josué volvió a repetir la lección anterior de su discurso (24:19-20 cp. 24:16). A lo que el pueblo repitió: *"No, sino que a Jehová serviremos"* (24:21). A ellos mismos, Josué los puso como testigos y los invitó a dejar la idolatría y adorar a Dios: *"Y Josué respondió al pueblo: Vosotros sois testigos contra vosotros mismos, de que habéis elegido a Jehová para servirle. Y ellos respondieron: Testigos somos. Quitad, pues, ahora los dioses ajenos que están entre vosotros, e inclinad vuestro corazón a Jehová Dios de Israel"* (24:22-23).

El pueblo se comprometió: *"A Jehová nuestro Dios serviremos, y a su voz obedeceremos"* (24:24).

En Siquem, Josué le dio un manual religioso, la Palabra escrita de Dios en su origen:

*"Entonces Josué hizo pacto con el pueblo el mismo día, y les dio estatutos y leyes en Siquem. Y escribió Josué estas palabras en el libro de la ley de Dios; y tomando una gran piedra, la levantó allí debajo de la encina que estaba junto al santuario de Jehová. Y dijo Josué a todo el pueblo: He aquí esta piedra nos servirá de testigo, porque ella ha oído todas las palabras que Jehová nos ha hablado; será, pues, testigo contra vosotros, para que no mintáis contra vuestro Dios"* (24:25-27).

Y con una piedra levantada como testimonio, marcó el lugar de este acontecimiento. Siempre dejando una señal para recordar: *"Y escribió Josué estas palabras en el libro de la ley de Dios; y tomando una gran piedra, la levantó allí debajo de la encina que estaba junto al santuario de Jehová"* (24:26).

El énfasis, o aplicación general está en que el creyente que se mantiene en la Palabra de Dios y recuerda su pacto con Dios, vivirá alejado de todo aquello que desagrada a Dios. De esa manera amará y servirá a Dios. Nunca olvidemos esta resolución: *"Pero yo y mi casa serviremos a Jehová"* (Jos. 24:15). Tú y yo seremos ejemplos sirviendo a Dios, y nuestra casa seguirá nuestro ejemplo. Como generación debemos hacer la diferencia.

## Conclusión

(1) El conquistador debe mantener un diario espiritual de lo que ha sucedido entre su persona y Dios.

(2) El conquistador debe enseñar a otros, que Dios no es de por cientos, fracciones, mitades o partes, Él lo pide todo para su servicio y eso se llama: *"integridad"* y *"verdad"*.

# "MURIÓ JOSUÉ HIJO DE NUN"

"Después de estas cosas murió Josué hijo de Nun, siervo de Jehová, siendo de ciento diez años" (Jos. 24:29).

## Introducción

Josué terminó su vida, como la había comenzado, siendo un siervo, primero de Moisés (1:1); y ahora graduado como *"siervo de Jehová"* (24:29).

Josué en toda su vida de líder fue un freno moral, una emergencia de mano de valores, que junto con su cuerpo directivo de ancianos, ayudaron al pueblo a perseverar y a servirle a Dios (24:31). Él empezó bien y terminó bien. Lo más importante en la vida cristiana es cómo terminaremos.

## I. La muerte

"Después, de estas cosas murió Josué hijo de Nun" (24:29).

A todo conquistador, hombre y mujer de batallas, les llegará la hora cuando el sol de la vida se ponga sobre su horizonte. Un día como águilas de Dios muchos conquistadores emprenderemos el último vuelo de nuestra vida, moriremos como águilas mirando al "Sol de Justicia". Toda la vida estamos ensayando para el día de la muerte.

Los conquistadores conquistan para no ser conquistados, pero la muerte los habrá de conquistar, aunque no para siempre y como el apóstol Pablo diremos: *"¿Dónde está, oh muerte, tu aguijón? ¿Dónde, oh sepulcro, tu victoria?"* (1 Co. 15:55).

Con la resurrección de los creyentes, la muerte será conquistada: *"He aquí, os digo un misterio, no todos dormiremos; pero todos seremos trasformados, en un momento, en un abrir y cerrar de ojos, a la final trompeta; porque se tocará la trompeta, y los muertos serán resucitados incorruptibles, y nosotros seremos transformados"* (1 Co. 15:51-52).

El psicólogo Erich Fromm dice en su libro *El arte de amar* lo siguiente sobre la muerte de una persona: "La conciencia de su breve lapso de vida, del hecho que nace sin que intervenga su voluntad y ha de morir contra su voluntad, de que morirá antes que los que ama, o éstos antes que él" (Editorial Paidós, Argentina, página 19).

Josué el conquistador se tuvo que enfrentar a la última batalla, el encuentro con la muerte, y esta con su guadaña y su certera puntería pudo más que él. Pero se le enfrentó con dignidad, con valor humano, aceptándola.

La muerte no es para hacer de ella simplemente un problema personal, un melodrama, una figura de humorismo, un tema de película de suspense, pero debemos pensar seriamente en ella. La vida al servicio de Dios, se debe vivir al máximo y de tal manera que cuando el bote de la muerte venga a recogernos, no tengamos que quejarnos de no haber hecho nada para Dios y de no haber dado todo a Dios.

Leemos: *"murió Josué hijo de Nun"*. Si algún apellido tomó Josué era *"hijo de Nun"* (como en español Fernández, Hernández, González, "ez" significa "hijo de").

La vida completa de Josué fue marcada por la relación *hijo-padre*. Es decir, Josué Ben Nun (hebreo) o Josué Bar Nun (arameo). Para los hebreos el nombre del padre les daba el apellido. Josué fue uno que supo honrar y poner en alto el nombre de su padre. Hasta la muerte honró a su padre, aunque ya él había fallecido.

Considero interesante lo que se decía de mí cuando era niño: "Es el hijo de Don Lolo". Pero ahora que soy adulto se dice de mi padre Don Lolo: "El papá de Kittim". En un tiempo era nuestro padre quien nos daba identidad pero en otro tiempo nosotros daremos identidad a nuestro padre. En la cultura hebrea ambos, padre e hijo, se daban identidad. Cristo nos da identidad a nosotros.

Conquistadores, vivamos de tal manera que hasta el día de la muerte podamos honrar a nuestros padres. Que toda nuestra vida sea un reconocimiento en *"honor a"* o en *"memoria a"* los *"padres espirituales"*; aquellos que nos hablaron de Dios y que de alguna manera nos encaminaron en los caminos de Él, se tienen que honrar. Y aún más aquellos *"padres espirituales"* que nos criaron

# "Murió Josué hijo de Nun"

durante nuestra infancia y adolescencia como creyentes, deben ser siempre honrados por nosotros.

Pensemos en esa frase: *"murió Josué"*. Él completó el círculo de la vida pero murió realizado y satisfecho en Dios. Murió como todo un conquistador con dignidad de ser humano, como guerrero de cientos de batallas, que perdió su batalla final ante el enemigo del tiempo y de la edad. La tierra perdió un gran guerrero, pero el cielo ganó un gran siervo.

Una vez alguien me regaló un pensamiento, tomado prestado de algún lugar: "Cuando naciste, tú llorabas y todos reían; vive la vida de tal manera que, cuando mueras, todos lloren y tú rías".

## II. El servicio
"siervo de Jehová, siendo de ciento diez años" (24:29).

En Josué 1:1 leemos: *"Aconteció después de la muerte de Moisés, siervo de Jehová, que Jehová habló a Josué hijo de Nun, siervo de Moisés"*.

Ahora, Josué, que comenzó como *"siervo de Moisés"*, se ha graduado *magna cum laude* con el título: *"Siervo de Jehová"*. Hoy día los títulos religiosos están de moda. Los apóstoles, profetas, obispos, doctores, pululan por dondequiera. Se crean los títulos como representación social y los títulos hacen a muchas personas, pero deben ser las personas las que hagan a los títulos.

Un título de abogado no hace un abogado, un abogado hace un título de abogado. Tenemos muchos apóstoles sin apostolado; profetas sin profecías de Dios; doctores sin doctorados; obispos sin obispados; pastores sin pastorados. Los títulos son una enfermedad en muchos círculos ministeriales.

Recuerdo una anécdota que escuché en México de mi amigo el Superintendente General, el Pbro. Daniel De Los Reyes: Se cuenta de un joven egresado del Colegio de Abogados, que al regresar a su pueblo para ejercer derecho se encontraba todos los días con un anciano que era solicitado por muchos cuando tenían algún pleito o necesitaban algún arbitro en sus disputas, para lo cual el anciano se manejaba muy bien.

Un día ya cansado de que el anciano le quitaba los clientes, el joven al pasar cerca de él exclamó:
—He ahí un abogado sin título.
El anciano mirándolo fríamente le contestó:
—He ahí un título sin abogado.
En la vida muchos se creen ser algo cuando en realidad no son

nada, solo son "títulos". A otros los títulos les quedan muy grandes. Son adictos a los títulos. Viven borrachos de los mismos.

De Josué solo leemos: *"servidor de Moisés"* y al final de sus días *"siervo de Jehová"*. Hay quienes sirven más a sus líderes que a Dios; tenemos que servir a los primeros pero servirle más a Dios. Por ser siervos de Dios, servimos a nuestras autoridades espirituales. El servicio es algo que hacemos por otros.

El ministerio nunca debe ser considerado como un trabajo para ser remunerado (aunque "el obrero es digno de su salario"), sino como una oportunidad de servir a Dios y servir a otros, que pueden ser bendecidos. Muchos que son ociosos y perezosos se refugian en el ministerio para vivir con engaños y mentiras de las ofrendas de los demás. El ministerio es para servir y no para servirnos del mismo.

### III. El resultado

"Y sirvió Israel a Jehová todo el tiempo de Josué, y todo el tiempo de los ancianos que sobrevivieron a Josué y que sabían todas las obras que Jehová había hecho por Israel" (24:31).

Nuestra misión como conquistadores es enseñar a otros a servir a Dios. La generación de Josué y la generación de sus líderes fueron responsables en promover el servicio a Dios de parte del pueblo. El relato de Josué 24:28-31 se repite en Josué 2:6-10. La generación que sobrevivió a Josué fue testigo del poder y de la presencia de Dios: *"y que sabían todas las obras que Jehová había hecho por Israel"* (Jos. 24:31 cp. Jos. 2:27).

Cada generación necesita buscar y tener su propia experiencia con Dios. La experiencia de otros con Dios los beneficia a ellos y nos enseña a nosotros por qué debemos servir a Dios, pero no nos cambia.

Leemos: *"Y toda aquella generación también fue reunida a sus padres. Y se levanto después de ellos otra generación que no conocía a Jehová, ni la obra que él había hecho por Israel"* (Jue. 2:10).

Al fallecer la generación de ancianos que conoció a Josué, se levantó luego *"otra generación que no conoció a Jehová"*. Esta generación no buscó su experiencia con Dios. Tenían religión pero no relación con Dios.

¿Qué generación se levantará después de la generación de nuestros líderes? ¿Qué clase de generación será la de nuestros

## "Murió Josué hijo de Nun"

nietos? ¿Qué ocurrirá a la tercera generación que seguirá a muchos ministerios? ¿Qué podemos hacer para no perder a esa tercera generación? ¿Cómo será la congregación a la cual asistimos en los próximos veinte, treinta, cuarenta o cincuenta años? La generación que siguió a la de Moisés fue buena, fue la generación de Josué y Caleb y otros, después de Josué siguió una generación ignorante de Dios y de su obra. ¿Cómo le faltó la generación anterior? ¿En qué se descuidó? ¿Qué no hizo que debió haber hecho?

En Jueces 2:11 leemos el resultado: *"Después los hijos de Israel hicieron lo malo ante los ojos de Jehová, y sirvieron a los baales".* Luego leemos la frase: *"Dejaron a Jehová"* (2:12-13). Dios también los dejó a ellos (2:14-23), pero luego en su misericordia levantó jueces (2:18).

Es triste pensar que la visión de muchos ministerios se perderá en la segunda, tercera o cuarta generación. El grave error de Josué fue de no preparar un sucesor. Dejó todo en las manos de una junta pero aun una junta necesita de un líder.

Otros levantan ministerios pero lo hacen más como empresas familiares que como obra de Dios, todo queda en familia, protegen más los intereses personales que los intereses del reino. Levantan proyectos con el dinero de un pueblo para ellos, sus hijos y sus nietos. Es innegable que Dios levanta a hijos como sucesores al ministerio pero debe ser Dios y no uno.

Hay mucha diferencia entre levantar la visión del reino de Dios y la visión de levantar nuestro propio reino, la de hacernos pirámides personales, pabellones egoístas y museos carnales.

La falta de liderazgo espiritual, de autoridad espiritual, lleva a la rebelión, al descarrío y al abandono de la fe. Posiciones sin autoridad espiritual son simplemente trabajos ministeriales. Para el sacerdocio se necesita unción, para ser rey se necesitaba unción y para ser profeta se necesitaba unción. Aunque simbólica, detrás de esa ceremonia ritualista se escondía una certificación divina.

Conquistadores, aunque sea en privado, vayan pensando en preparar y discipular a algún seguidor. ¡No dejen todo al garete, sin gobierno! ¡Sean claros en señalar su preferencia por algún sucesor; si lo tienen ya, vayan exponiéndolo; si no lo tienen empiecen a buscarlo! No tengan temor de que la unción del Espíritu Santo sobre ustedes sea eclipsada porque alguien a su lado les hará sombra.

## Conclusión

(1) El conquistador debe enfrentarse a la muerte como lo que es, un conquistador.

(2) El conquistador sirve a su líder para aprender cómo servir a Dios.

(3) El conquistador preparará a otros para que adiestren a su generación. Discipulará a quienes lo sustituyan.

## NUESTRA VISIÓN

Maximizar el efecto de recursos cristianos de calidad que transforman vidas.

## NUESTRA MISIÓN

Desarrollar y distribuir productos de calidad —con integridad y excelencia—, desde una perspectiva bíblica y confiable, que animen a las personas a conocer y servir a Jesucristo.

## NUESTROS VALORES

*Nuestros valores se encuentran fundamentados en la Biblia, fuente de toda verdad para hoy y para siempre. Nosotros ponemos en práctica estas verdades bíblicas como fundamento para las decisiones, normas y productos de nuestra compañía.*

Valoramos la excelencia y la calidad
Valoramos la integridad y la confianza
Valoramos el mérito y la dignidad de los individuos y las relaciones
Valoramos el servicio
Valoramos la administración de los recursos

Para más información acerca de nuestra editorial y los productos que publicamos visite nuestra página en la red: www.portavoz.com